Teilstück der originalen Route 66

Die Route 66 folgt der I 25 schön ausgebaut an den Santa Fe Mountains entlang.

Band 84

OutdoorHandbuch

Ingrid Stein & Conrad Stein

USA: Route 66

DER WEG IST DAS ZIEL

USA: Route 66

Alle Informationen, schriftlich und zeichnerisch, wurden nach bestem Wissen zusammengestellt und überprüft. Sie waren korrekt zum Zeitpunkt der Recherche. Eine Garantie für den Inhalt, z.B. die immerwährende Richtigkeit von Preisen, Adressen, Telefon- und Faxnummern sowie Internet-Adressen, Zeit- und sonstigen Angaben, kann naturgemäß von Verlag und Autor - auch im Sinne der Produkthaftung - nicht übernommen werden.

Die Autoren und der Verlag sind für Lesertipps und Verbesserungen (besonders als E-Mail) unter Angabe der Auflagen- und Seitennummer dankbar.

Dieses OutdoorHandbuch hat 139 Seiten mit 49 farbigen Abbildungen sowie 18 farbigen Kartenskizzen und einer farbigen Übersichtskarte. Es wurde auf chlorfrei gebleichtem Papier gedruckt, in Deutschland klimaneutral hergestellt und transportiert und der größeren Strapazierfähigkeit wegen mit PUR-Kleber gebunden.

OutdoorHandbuch aus der Reihe "Der Weg ist das Ziel", Band 84

ISBN 978-3-86686-084-1 3. aktualisierte Auflage 2009

Dieses OutdoorHandbuch wurde konzipiert und redaktionell erstellt vom Conrad Stein Verlag GmbH, Postfach 1233, 59512 Welver, Kiefernstraße 6, 59514 Welver, ☎ 0 23 84/96 39 12, FAX 0 23 84/96 39 13, info@conrad-stein-verlag.de, www.conrad-stein-verlag.de.

Unsere Bücher sind überall im wohl sortierten Buchhandel und in cleveren Outdoorshops in Deutschland, Österreich und der Schweiz erhältlich.

Auslieferung für den Buchhandel:

D Prolit, Fernwald und alle Barsortimente
A freytag & berndt, Wien
CH AVA-buch 2000, Affoltern und Schweizer Buchzentrum
I Mappa Mondo, Brendola
Benelux Willems Adventure, LT Maasdijk

Text: Ingrid Stein & Conrad Stein
Fotos: Conrad Stein
Karten: Heide Schwinn
Lektorat: Kerstin Becker
Layout: Manuela Dastig
Gesamtherstellung: AZ Druck und Datentechnik GmbH, Kempten

Titelfoto: Alte Tankstelle in Valentine

Inhalt

Über die Autoren

Ingrid Stein unternahm gemeinsam mit ihrem damaligen Ehemann mehrere Reisen in die USA. Ihre Vorliebe galt dabei besonders den Naturschönheiten im Westen, den unendlichen Weiten und den kleinen Orten. Nach einer Reise im Sommer 1998 entstand die erste Auflage dieses OutdoorHandbuches über die "Straße der Sehnsucht". Heute lebt sie im Süden Spaniens am Mittelmeer.

Conrad Stein unternahm in jungen Jahren in den Ferien mehrere Fahrrad- und Tramptouren durch Deutschland und Europa und später ging's per Vespa und VW-Bus weiter. Seit 1965 führten zwei Reisen mit VW-Bussen durch Afrika, per Auto, Motorrad, auf dem Daumen und öffentlichen Verkehrsmitteln durch beide Amerikas, nach Fernost mit der Transsib, mehrmals durch die Südsee nach Neuseeland und Australien - in und durch insgesamt 83 Länder. Die USA hat er jetzt zum achten Mal bereist und war von der Fahrt auf der Route 66 beeindruckt.

In Australien und Neuseeland leitete er vier Jahre lang mehrere Jugendherbergen, bis er schließlich nach Deutschland zurückkehrte und 1980 den Conrad Stein Verlag gründete, in dem inzwischen weit über 250 ReiseHandbücher und OutdoorHandbücher erschienen sind.

Seit er sich aus dem Verlag zurückgezogen hat, lebt er in einem kleinen Dorf am Rande der Holsteinischen Schweiz, wenn er nicht gerade mal wieder auf Achse ist.

Symbole

	Achtung!		geöffnet ...		Tipp
	Bademöglichkeit		Homepage		Unterhaltung
	Bar		Hotel		Verweis
	Buchtipp		Information		Wetter
	E-Mail-Adresse		Restaurant		
FAX	Faxnummer		Telefon		

Vorwort

Wenn jemand plant, von Flensburg nach Gibraltar auf dem europäischen Schnellstraßennetz zu reisen, ist daran nichts Ungewöhnliches. Wer aber nur auf Landstraßen unterwegs sein möchte, würde sicherlich zumindest verständnislos belächelt. Unternimmt derselbe Mensch aber eine solche Reise, sogar noch etwa 500 Kilometer länger, in den USA, und heißt die Landstraße "Route 66", ist das merkwürdigerweise etwas anderes.

Mit dem Straßennamen "Route 66" verbinden auch in Europa viele Menschen bestimmte Bilder und Assoziationen. Sie denken vielleicht an John Steinbeck, der in seinem Roman "Früchte des Zorns" der Route 66 den Namen "Mother Road" gab. Für einige sind die Begriffe "Route 66" und "Harley-Davidson" untrennbar miteinander verbunden, anderen fällt der von Bobby Troup komponierte und getextete Highway-Song ein: "Get your kicks on Route sixtysix". Der Song wurde schon 1946 mit Nat King Cole weltbekannt, aber auch Chuck Berry, Perry Como (1959 mit zweiter Strophe) und sogar die Rolling Stones hatten ihn im Repertoire.

If you ever plan to motor west,
travel my way, take the highway that's the best.
Get your kicks on Route Sixty-Six!

It winds from Chicago to L.A.,
more than two thousand miles all the way.
Get your kicks on Route Sixty-Six!

Now you go thru Saint Looey Joplin, Missouri
and Oklahoma City is mighty pretty.
You'll see Amarillo, Gallup, New Mexico,
Flagstaff, Arizona, don't forget Winona,
Kingman, Barstow, San Bernardino.

Won't you get hip to this timely tip:
When you make that California trip.
Get your kicks on Route Sixty-Six!

Route 66: Der Name ist für viele Menschen ein Synonym für Freiheit, weites, offenes Land, alte Straßenkreuzer mit Heckflossen, Neonreklame und Truckstops: "On the road again".

Auch uns hatte dieses Virus gepackt, denn warum sonst machen sich ansonsten normale Mitteleuropäer auf, um etwa 2.400 Meilen quer durch Amerika zu fahren, ausgerechnet auf einer holprigen Landstraße? Zudem noch einer Landstraße, die nicht einmal mehr zusammenhängend existiert, und die an einigen Stellen erst einmal gesucht und gefunden werden muss!

Nach einer logischen Erklärung für dieses Phänomen sollten Sie gar nicht erst suchen, es gibt keine. Es ist ein Gedanke, der sich unbemerkt irgendwann in den kleinen grauen Zellen festsetzt und einem keine Ruhe mehr lässt. Bei früheren Reisen in die USA sind wir mehr oder weniger durch Zufall auf Abschnitte der alten Route 66 gestoßen. Es klingt verrückt, aber dabei hat uns diese Straße auf unerklärliche Weise in ihren Bann gezogen:

Der Asphalt, den sich die Natur Stückchen für Stückchen zurückerobert. Meilenweite, schnurgerade Abschnitte, in der Mittagshitze flimmernd. Als Reisebegleitung unendlich lange Güterzüge. Die Einsamkeit. Der weite

Himmel. Die offenen, freundlichen Menschen, die am Rand der Straße um ihre Existenz kämpfen, aber dabei fröhlich und optimistisch sind.

Für uns stand fest: Irgendwann fahren wir einmal die ganze Strecke. Von Chicago am Lake Michigan bis Los Angeles am Pazifik, durch acht Staaten: Illinois, Missouri, Kansas, Oklahoma, Texas, New Mexico, Arizona und Kalifornien.

Nicht, dass auf dieser Strecke besonders viele touristische Highlights zu finden sind - die gibt es zwar auch, vor allem in Arizona - aber hauptsächlich führt die Route durch ganz normale kleine Städte und Dörfer: fernab vom Glanz der Metropolen durch das ursprüngliche, durch das Kleinstadt-Amerika.

Richtig interessant wird die Strecke etwa ab Oklahoma. Den unserer Ansicht nach schönsten Abschnitt (die Strecke über Oatman) kann Arizona für sich verbuchen.

Man kann sich zwar, wenn man wenig Zeit hat, nur die Höhepunkte heraussuchen und sich auf einige Staaten beschränken. Aber das richtige Route-66-Gefühl stellt sich tatsächlich erst ein, wenn man wirklich am Punkt Null beginnt und die ganze Strecke fährt.

Und wenn man dann in Santa Monica angekommen ist und zum ersten Mal nach vielen Meilen den Pazifischen Ozean sieht - es ist unbeschreiblich!

Gönnen Sie sich das Erlebnis! Fliegen Sie nach Chicago, mieten Sie ein Fahrzeug, vielleicht sogar ein Motorrad oder ein Cabrio, um den Wind und die Sonne zu spüren! Fahren Sie einfach los, planen Sie nicht zu viel im Voraus, lassen Sie sich treiben! Genießen Sie die "Main Street of America!

Ingrid Stein, Conrad Stein

Vorwort zur 3. Auflage 2009

Ingrid Stein lebt jetzt seit ein paar Jahren in Spanien und konnte dieses Buch nicht auf den neuesten Stand bringen. Also erklärte ich mich bereit, diesen Part zu übernehmen. Auch ich war in früheren Jahren mehrfach mit Teilstrecken der Route 66 in Berührung gekommen - übrigens genau wie Ingrid in Arizona. Ich war im September 2008 genau 15 Tage allein auf der Route 66 unterwegs und habe abends im Motel in den Text von Ingrid meine Ergänzungen und Änderungen auf meinem Notebook eingearbeitet. Dabei ist meiner Ansicht nach ein ganz neues Buch mit einer Fülle von interessanten Hintergrundinformationen und neuen Fotos entstanden.

Übrigens: Wenn im Text das Wort "wir" auftaucht können Ingrid und ihr Ex-Mann (mein Bruder) gemeint sein, aber auch die beiden und mich betreffen. Spreche ich jedoch in der "ich"-Form, so sind das meine ureigensten Ansichten und Meinungen.

Conrad Stein

Geschichte der Route 66

Route 66 bei Hamel

Zu Beginn des 19. Jahrhunderts zogen sich einfache Schotterstraßen und Pisten, die sogenannten "Trails", überall durch die USA. Menschen aus dem Osten benutzten sie, um in den Westen zu gelangen. Das Streckennetz des heutigen Eisenbahnsystems folgte diesen Trails. Die ersten Interstate-Highways folgten wiederum dem Streckenverlauf der Eisenbahn.

Jeder Staat hatte seine eigenen Fernstraßen, ein durchgängiges Straßensystem existierte aber nicht. Eine wachsende Nation erforderte aber gerade dies. In den zwanziger Jahren begann daher ein Komitee aus acht Staaten damit, die bereits existierenden Straßen zu einem durchgehenden Highway zusammenzufügen.

Anfangs gab es noch Meinungsverschiedenheiten über die Bezeichnung der Straße, die Chicago mit Los Angeles verbinden sollte. Ursprünglich sollte sie US 60 heißen, dann US 62. Schließlich einigte man sich auf US 66 und unter diesem Namen wurde die Straße im November 1926 durch die Regierung in Washington offiziell als Fernstraße freigegeben.

Bis alle Abschnitte asphaltiert oder betoniert waren, sollte es aber noch weitere 11 Jahre dauern: 1937 war es dann so weit: die erste durchgehende Ost-West-Verbindung in den USA, von Chicago nach Los Angeles, war fertig.

Während der Wirtschaftskrise in den dreißiger Jahren drängte es immer mehr Menschen auf der Suche nach besserer Lebensqualität in den Westen. Die Jahre der Trockenheit und der verheerenden Sandstürme im Mittelwesten, vor allem in Oklahoma - der "Dust Bowl" der Nation - und der folgenden Missernten, sowie die Übermacht der reichen Großgrundbesitzer mit ihren modernen Agrartechnologien führten dazu, dass verarmte Landarbeiter in Scharen aus Arkansas und Oklahoma flohen. Alle wollten ins gelobte Land Kalifornien. Viele von ihnen kamen dort jedoch nie an - etliche starben an den Strapazen der Reise, andere siedelten sich am Rande der Straße an und versuchten dort ihr Glück.

Während der Kriegsjahre bekam die Straße eine neue Bedeutung: riesige Mengen an Militärgütern mussten transportiert werden. Die US 66, für den privaten Verkehr konzipiert, litt unter den schweren Fahrzeugen. Es zeigte sich auch, dass sie an vielen Stellen nicht breit genug gebaut worden war.

Nach dem Zweiten Weltkrieg kam Amerika erst richtig in Bewegung: Ein unvorhergesehener Touristenstrom überflutete die Fernstraße, und vor allem auch die einzige durchgehende Verbindung in den Westen, die Route 66. Man genoss die Jahre des Friedens und reiste. Die Route 66 zog Millionen von Reisenden an, die die Nationalparks und die anderen Sehenswürdigkeiten am Rande der Route sehen wollten. Dieses Massenphänomen belastete die Straße noch stärker als die Landflucht während der Wirtschaftskrise. Es war unbestritten, dass ein neues Highway-System nötig war.

General Dwight D. Eisenhower, der während des Zweiten Weltkriegs das deutsche Autobahnnetz kennenlernte, begann 1957 als Präsident (1953-61) mit der Planung eines Interstate-Systems. Nach und nach wurde die US 66 zur Nebenstraße degradiert oder verschwand ganz unter den neuen Interstate Highways. 1984 war es dann so weit: Mit der Fertigstellung der Interstate 40 verschwand die US 66 in der Bedeutungslosigkeit. Die Schilder wurden entfernt. Die Route 66 hörte offiziell zu existieren auf. Zumindest für die Straßenplaner. Sollte dies wirklich das Ende der "Mother Road" sein, der "Main Street of America"? Zunächst sah es so aus.

Aber so leicht ist ein Mythos nicht unterzukriegen. Und die Route 66 war und ist ein Mythos, ein Mythos aus Asphalt und Beton, aus *Motels* und *Soda Fountains*, aus *Truck Stops* und glitzernden *Chevrolets*, aus kleinen *Diners* und *Gas Stations*. Das Lied "Get your kicks on Route Sixtysix" beschreibt ein Lebensgefühl.

Schon wenige Jahre, nachdem das letzte Schild entfernt worden war, bildeten sich "Route 66 Associations" mit dem Ziel, die alte Fernstraße am Leben zu erhalten. Seit 1987 wurden in allen beteiligten Staaten neue Schilder aufgestellt: "Historic Route 66". Seit 2006 gibt es sogar eine Zeitung namens "Route 66 Pulse", die gratis an Tankstellen, in Shops, Touristeninformationen und Motels entlang der Route 66 ausliegt.

♦ 💻 www.route66pulse.com

Diese Straße ist keine durchgehende Verbindung mehr. Zu oft wurde sie einfach von Interstate Highways überbaut. Aber wer sich bemüht, findet noch viele gut erhaltene Streckenabschnitte. Schmale, kurvige Landstraßen, die als kleine Puzzle-Teile zusammen den realen Mythos "Route 66" ergeben. Eine Landstraße, die den Reisenden in mehrfacher Hinsicht belohnt: Wir entdeckten den Genuss, langsam zu reisen, jede Meile zu genießen, statt auf einer Interstate möglichst schnell ans Ziel zu kommen. Wir lernten, den Weg als das eigentliche Ziel zu schätzen. Wir genossen die kleinen Motels, die über so viel mehr Charme verfügen als die gesichtslosen Häuser der Motelketten. Wir ließen uns in kleinen Restaurants hausgemachte Speisen schmecken, statt die uniformen Sättigungstempel zwecks Nahrungsaufnahme aufzusuchen. Wir entdeckten das ursprüngliche Amerika.

Route 66 ist mehr als Nostalgie, mehr als eine Mode. Route 66 ist wirklich "The Highway that's the best"!

Wissenswertes von A bis Z

Tankstellen-Säulen-Sammlung im Route-66-Museum

Anreise

Die einfachste Möglichkeit besteht darin, einen sog. Gabelflug zu buchen, d.h. Zielflughafen ist Chicago, der Rückflug ist von Los Angeles. Für diese Gabelflüge zahlen Sie jedoch einen Aufpreis.

Sie können aber auch mit einer inneramerikanischen Linienmaschine nach Chicago zurückfliegen. Dadurch haben Sie die Möglichkeit, Sonderangebote bei Charterflügen nach Chicago in Anspruch zu nehmen.

Teuer wird diese Variante auf jeden Fall, denn Sie müssen Ihr Fahrzeug in Los Angeles abgeben und zahlen bei jeder Autovermietung einen Aufpreis für die Einwegmiete. Die preiswerte Möglichkeit, einen Wagen von Chicago nach Los Angeles zu überführen, ist auf dieser Strecke nicht empfehlenswert, da Sie ja sicher die Route 66 in Ruhe genießen wollen und sich nicht an die knappen Zeitvorgaben der Autovermietfirmen von ein paar Tagen halten möchten.

Sie können aber auch den Rückweg mit dem Mietwagen bzw. dem Motorrad über die Interstates antreten. Wenn Sie sich beim Fahren abwechseln und den Tag voll ausnutzen, können Sie die Strecke in vier bis fünf Tagen schaffen.

Eine besonders reizvolle Variante, leider nicht ganz preiswert: Setzen Sie sich in Los Angeles in den "Southwest Chief". Dieser Zug der Eisenbahngesellschaft *Amtrak* fährt einmal täglich die Strecke von L.A. nach Chicago in etwa 45 Std. (ab L.A. 18:45, an Chicago am übernächsten Tag 15:20). Dieser Zug bietet viele Annehmlichkeiten: einen Aussichtswagen mit Glaskuppel, bequeme Sitze, Speisewagen, Snackbar. Selbstverständlich können Sie auch ein Schlafwagenabteil buchen.

♦ 💻 www.amtrak.com, ☎ 1-800-872-7245

Camping

Die Route 66 ist ihrem Wesen nach eine Straße der alten Motels und Diner. Für Selbstverpfleger mit eigenem Dach über dem Kopf ist es schwieriger, den rauen Charme der Straße nachzuempfinden. Man muss einfach mal in historischen Motels geschlafen haben bzw. fühlen, wie es ist, aus dem Koffer zu leben.

Die Motels - auch die nicht historischen - sind auf dieser Strecke so preiswert, dass sich die Anmietung eines teuren Wohnmobils nicht rechnet. Im Gegensatz zu einem Pkw, bei dem im Mietpreis eine unbegrenzte Meilenanzahl eingeschlossen ist, hat man bei einem *Motorhome* im Allgemeinen nur eine begrenzte Anzahl von Meilen inklusive, alles, was drüber hinausgeht, kostet extra. Außerdem fahren die meisten Wohnmobile nicht mit Diesel, sondern mit Benzin und verbrauchen ziemlich viel davon (etwa 25 bis 30 Liter je 100 km). Auch bei den noch relativ günstigen amerikanischen Benzinpreisen wird die Fahrt dadurch sehr teuer (2008: zwischen $ 3,50 und $ 4,10 pro Gallone, also rund € 1/Liter). Am besten holen Sie sich Kataloge aus dem Reisebüro oder informieren sich im Internet und rechnen das einmal durch.

Für zwei Personen würde ich für diese Strecke immer für die Anmietung eines Pkw oder eines Motorrades und die Übernachtung im Motel plädieren. Eine Reservierung von Motelzimmern ist selbst in Städten wie Flagstaff oder Williams (Grand-Canyon-Nähe!) nicht notwendig - es sei denn, Sie erscheinen erst am späten Abend - man ist also ähnlich frei wie mit einem Motorhome.

Ebenso lohnt sich - rein finanziell gesehen - ein Camper nur, wenn man sich selbst verpflegt. Das wäre aber bei der Vielfalt der privaten, originellen Restaurants sehr schade. Gerade die kleinen historischen Diner unterscheiden sich erheblich von der Uniformität der Ketten, die an jedem *Gas-Food-Lodging-Exit* der Interstates zu finden sind.

Es werden daher hier nur allgemeine Campinginformationen gegeben. Private Campingplätze und *RV-Parks* finden Sie entlang der Route 66 reichlich. Auch staatliche *Campgrounds*, die häufig nicht reserviert werden können, gibt es in genügender Anzahl. Schilder an der Strecke weisen auf diese Plätze hin.

Wie bei den Motelzimmern gilt auch hier: Eine Reservierung ist nicht notwendig, es sei denn, Sie kommen erst spät abends an. Dann könnte es zumindest in der Nähe von Touristenattraktionen knapp werden. Die Preise liegen durchschnittlich je nach Lage und Ausstattung zwischen $ 15 bis $ 50. Aus Europa können Sie die Plätze der KOA-Kette *(Kampgrounds of America)* reservieren.

♦ KOA, 💻 www.koa.com

Weitere Auskünfte erteilen die verschiedenen Visitor-Center,
☞ Kapitel der einzelnen Staaten.

Wildes Campen ist generell verboten, im Übrigen auch wegen der Sicherheit nicht empfehlenswert. Besonders in Nationalparks, in der Umgebung größerer Städte und auf den Parkplätzen der Durchgangsstraßen und Interstates wird streng kontrolliert. Die Kaufhauskette WalMart erlaubt Wohnmobilisten ausdrücklich die Nutzung des Parkplatzes zum Übernachten - mit dem Hintergedanken, dass die Camper ja auch gleichzeitig Kunden sind. Gut erkannt!

☺ Etwas völlig anderes ist es, wenn Sie beispielsweise den Südwesten der USA bereisen und nur Teile der Route 66 fahren, aber ansonsten die Vorteile eines Wohnmobils genießen wollen.

Wohnmobil in USA/Kanada von Ingrid & Wolfgang Sauer & Frank Noack, OutdoorHandbuch aus der Reihe Basiswissen für draußen, Band 77, 170 Seiten € 9,90, ISBN 978-3-86686-077-3. Aus dem Inhalt: Argumente für und wider eine Wohnmobilreise in Nordamerika. Informationen zum Flug, Einreisebestimmungen, Technik des Wohnmobils, Versorgung mit Lebensmitteln, Benzin, Propan und Wasser, Sicherheitsaspekte, Natur und Umwelt uvm.

Einkaufen

Amerika ist ein Einkaufsparadies. Da es dort keine gesetzlich geregelten Ladenschlusszeiten gibt, können Sie in vielen Läden noch am späten Abend oder sonntags einkaufen (WalMart hat teilweise sogar 24 Stunden am Tag geöffnet).

Der Service ist im Allgemeinen sehr gut. Je nach Dollarkurs sind manche Waren wesentlich günstiger als in Deutschland. Besonders bei Freizeitbekleidung und Schuhen findet man lohnende Angebote. Außerdem finden Sie immer irgendein Geschäft, das gerade Ausverkauf (*Sale*) hat.

☹ Beachten Sie allerdings, dass alle Preisangaben noch nicht die Steuern enthalten! Je nach Staat können Sie mit 6 % bis 10 % Aufschlag rechnen!

Denken Sie auch im schlimmsten Kaufrausch zudem daran, dass Ihnen die Rückreise und damit der heimische Zoll bevorsteht!

Einreisebestimmungen, Papiere

Für Touristen, die höchstens 90 Tage in den USA bleiben wollen, genügt ein Reisepass, der noch mindestens drei Monate gültig sein muss. Für längere Aufenthalte muss ein Visum bei der US-Botschaft in Berlin beantragt werden.

Seit dem 12.1.2009 müssen alle, die kein Visum benötigen, spätestens 72 Stunden vor dem Abflug im Internet unter https://esta.cbp.dhs.gov einen ESTA- (Electronic System for Travel Authorization) Antrag ausfüllen, der den bisher im Flugzeug handschriftlich auszufüllenden Fragebogen ersetzt. Dieser wird mit den Daten der US-Strafverfolgungsbehörde verglichen. Sie bekommen üblicherweise umgehend eine Antwort "Genehmigung erteilt", diese müssen Sie beim Abflug vorlegen. Möglich sind ebenfalls "Genehmigung wird bearbeitet", dann können Sie etwas später noch einmal nachschauen oder "Einreise nicht genehmigt" - in diesem Vall müssen Sie ein Visum beantragen. Da dies dauern kann, sollten Sie alles rechtzeitig erledigen.

☺ Es ist wichtig, nicht den Eindruck zu erwecken, dass man mittellos ist oder die USA nicht mehr verlassen will. Erst danach geht es durch den Zoll. Die gesamte Prozedur kann, wenn man Pech hat, drei Stunden dauern. Äußern Sie aber besser nicht Ihren Unmut, denn der jeweilige Beamte entscheidet, wer einreisen darf und wer den nächsten Flieger nach Hause nimmt!

Elektrizität

Die Stromspannung beträgt 110 Volt.

Die Steckdosen sind für Flachstecker konzipiert, Sie benötigen also auf 110 Volt umschaltbare Elektrogeräte und vor allem einen Adapter für die Steckdosen. Vergessen Sie ihn auf keinen Fall, dieses Teil ist in den USA nur selten zu erhalten! Die Büros des amerikanischen Automobilclubs AAA und die Flughafenshops haben aber fast immer welche vorrätig.

Notebooks und Ladegeräte für Kameras passen sich von selbst der 110-Volt-Spannung an.

Fotografieren

Problemlos sind die Digitalkameras zu handhaben. Filmmaterial ist in Europa wesentlich günstiger zu erhalten als in den USA, sorgen Sie besser für genügend Vorrat. Vor allem Diafilme sind nicht überall zu bekommen. Die Sicherheitskontrollen auf den Flughäfen schaden den Filmen nicht.

Geld

Besorgen Sie sich die nötigen Dollars schon zu Hause! Nur wenige Banken in Großstädten tauschen Bargeld um.

Seit 1998 können Sie mit Ihrer **ec-Karte** (plus Geheimzahl) mit dem **Maestro-Symbol** an fast 600.000 Geldautomaten (ATM genannt) Dollar erhalten. Die Gebühr dafür wird Ihnen zu Hause von Ihrem Konto abgebucht. Direkte Bezahlung mit der ec-Karte können Sie vergessen!

Sicherer als Bargeld sind Travellerschecks, die jede Bank und Sparkasse zu Hause verkauft. Diese Schecks sind bei Verlust versichert und werden überall wie Bargeld angenommen. Die Ausgabe sollte aber in etwa der Höhe des Schecks entsprechen, versuchen Sie besser nicht, eine $-10-Rechnung mit einem $-100-Travellerscheck zu bezahlen.

Amerika ist das Land der Kreditkarten. Visacard und Mastercard werden fast überall akzeptiert, im Gegensatz zu American Express oder Diners. Einige Tankstellen-Automaten verlangen inzwischen auch schon eine PIN für Kreditkarten.

☹ Es ist schwierig bis unmöglich, ohne Kreditkarte auszukommen. Autovermietungen verlangen die Vorlage der Karte zu ihrer Absicherung, und telefonische Zimmerreservierungen sind ohne Karte nahezu unmöglich.

☺ Eine gewisse Menge Bargeld in kleinen Scheinen sollten Sie bei der Einreise mit sich führen, um erste kleine Ausgaben bestreiten zu können.

☺ Unter 💻 www.kartensicherheit.de können Sie sich eine SOS-Info-Karte ausdrucken. Auf dieser Karte stehen alle wichtigen Rufnummern zum Sperren von Kredit- und Mobilfunkkarten sowie Reiseschecks.

Banknoten gibt es in den Werten: $ 1, $ 5, $ 10, $ 20, $ 50, $ 100, $ 500, $ 1.000. Die Scheine haben immer die gleiche Farbe und Größe - Sie müssen also genau hinsehen!

Die Münzen haben die Werte und Bezeichnungen: 1 Cent (*Penny*), 5 Cent (*Nickel*), 10 Cent (*Dime*), 25 Cent (*Quarter*), 1 Dollar (selten als Münze).

Banknoten ab $ 50 werden wegen der großen Fälschungsmöglichkeit nur ungern oder gar nicht angenommen.

Gesundheit

Es gibt einige private Krankenkassen, die auch die Kosten für die medizinische Versorgung eines Notfalls in den USA übernehmen, meist ist das aber nicht der Fall (prüfen Sie Ihre Versicherungsbedingungen). Daher ist eine Auslandskrankenversicherung dringend anzuraten.

☺ Auf jeden Fall müssen Sie die hohen Kosten erst einmal vorstrecken und die Belege für Ihre Versicherung sammeln. Sollten Sie gesundheitliche Probleme haben, gehen Sie vor der Reise unbedingt noch einmal zu Ihrem Arzt und lassen sich eventuell benötigte Medikamente verschreiben.

Auch eine Zahnbehandlung kann ein großes Loch in die Reisekasse reißen, also besser vor der Reise die Zähne überprüfen lassen! Brillenträger sollten unbedingt an eine Ersatzbrille denken.

Information Route 66

- Route 66 Association of **Illinois**, 💻 www.il66assoc.org/
- **Missouri** Route 66 Association, 💻 www.missouri66.org/
- **Kansas** Route 66 Association, 💻 www.carrollsweb.com/alynn/index.htm
- **Oklahoma** Route 66 Association, 💻 www.oklahomaroute66.com/
- Old Route 66 Association of **Texas**,
  💻 www.barbwiremuseum.com/TexasRoute66.htm
- Route 66 Association of **New Mexico**, 💻 www.rt66nm.org/
- Historic Route 66 Association of **Arizona**, 💻 www.azrt66.com/
- Historic Route 66 Association of **California**, 💻 www.route66ca.org/

Diplomatische Vertretungen in den USA

- Deutsche Botschaft, 4645 Reservoir Road NW, Washington D.C., ☏ (202) 298-4000
- Österreichische Botschaft, 3524 International Court NW, ☏ (202) 895-6720
- Schweizer Botschaft, 2900 Cathedral Avenue NW, Washington D.C., ☏ (202) 745-7900

Karten

Sie sollten trotz der exakten Routenbeschreibung in diesem Buch nicht ohne aktuelle Straßenkarten losfahren. Umleitungen und Baustellen können Ihre Planung oft genug umwerfen.

▷ Als grobe Übersicht für die Planung, vor allem wenn Sie die USA und Kanada weiter bereisen wollen, eignet sich die Freytag & Berndt-Karte USA - Südliches Kanada (ISBN 978-3-7079-0332-4) im Maßstab 1:4.000.000 (also 1 cm auf der Karte = 40 km in der Natur).

▷ In besserem Maßstab erhältlich sind die drei Busche-Karten USA East (ISBN 978-3-89764-179-2), USA Central (ISBN 978-3-89764-178-5) und USA West (ISBN 978-3-89764-177-8) im Maßstab 1:2.200.00 (1 cm = 22 km).

▷ Ausgezeichnet in ihrem Maßstab 1:820.000 (1 cm = 8,2 km) sind die Busche-Karten New Mexico (ISBN 978-3-89764-151-8), Arizona (sogar mit der Nummerierung der Interstate-Exits und Übersichtskarten von Flagstaff und Grand Canyon; ISBN 978-3-89764-138-9), und California (ISBN 978-3-89764-137-2). Alle Busche-Karten kosten € 7,50, sind sehr genau und haben ein sehr klares und deutliches Kartenbild.

☺ Karten des jeweiligen Staates bekommen Sie gratis in den *Visitor Centers* oder *Welcome Centers.* Diese Besucherzentren liegen im Allgemeinen kurz hinter einer Staatsgrenze - allerdings nur an den Interstates, nicht an der Route 66! Manchmal gibt's sogar spezielle Route-66-Karten, die oft aber nur künstlerischen Wert haben. Da die Interstates allerdings in den meisten Fällen parallel verlaufen, lohnt sich der kleine Abstecher meist, denn die Karten dort sind kostenlos und Sie erhalten zusätzlich noch jede Menge anderer Informationen. Hier sollten Sie sich auch Stadtpläne bzw. Stadtdurchfahrtspläne besorgen, denn in den Städten selbst ist die Ausschilderung oft nicht gut.

☺ Wenn Sie Ihre ADAC-Mitgliedskarte dabeihaben, können Sie auch ein AAA-Büro (American Automobile Association) aufsuchen und sich gratis mit den Staatskarten und speziellen *Tourbooks* versorgen lassen.

Kleidung, Ausrüstung

Wenn Sie nicht beabsichtigen, in den Großstädten vornehm auszugehen, benötigen Sie nur legere Kleidung. Jeans, T-Shirt, bequeme Laufschuhe, im Frühling und Herbst wärmere Bekleidung für den Abend genügen.

Viele Motels bieten eine Waschmöglichkeit (*Laundrette*) an, so dass Sie mit kleinerem Gepäck reisen können.

Ihr Ziel ist das Meer und außerdem haben im Süden nahezu alle Motels einen Pool, vergessen Sie also die Badesachen nicht.

Im prüden Amerika sollten Sie aber nie auf Ihr Bikini-Oberteil verzichten und Männer fallen im Land der knielangen Shorts in knappen und eng sitzenden Badehosen unangenehm auf.

Maße und Gewichte

Längen		**Gewichte**		**Hohlmaße**	
1 inch (in)	2,5 cm	1 ounce (oz)	28 g	1 pint (pt)	0,47 l
1 foot (ft)	30 cm	1 pound (lb)	454 g	1 quart (qt)	0,94 l
1 yard (yd)	90 cm	1 stone (st)	6,35 kg	1 gallon (gal)	3,78 l
1 mile (mi)	1,6 km	(alles leicht gerundet)			

Temperatur

Hier wird es kompliziert! Die USA messen die Temperatur nicht in Celsius-, sondern in Fahrenheitgraden. Der deutsche Physiker Gabriel Fahrenheit legte seine Körpertemperatur auf 100 Grad fest, das entspricht 37,7 Grad Celsius (offensichtlich hatte er leicht erhöhte Temperatur).

Das ist noch halbwegs nachzuvollziehen. Was Herrn Fahrenheit allerdings bewogen hat, den Gefrierpunkt von Wasser auf 32° festzulegen und es bei 212° kochen zu lassen, bleibt wohl sein Geheimnis.

Man kann die Fahrenheitwerte in Celsiuswerte folgendermaßen umrechnen: Fahrenheit minus 32, geteilt durch 9, mal 5. Als kurze Übersicht:

Celsius	-5	0	10	15	20	25	30	35	40	45
Fahrenheit	23	32	50	59	68	77	86	95	104	113

☺ Wem das zu kompliziert ist, kommt auch mit dieser Methode zu einem (ungenaueren Ergebnis): Fahrenheit minus 30, dann durch zwei teilen.

Mietfahrzeug

An allen Flughäfen sind die Vertretungen der gängigen Vermieter wie z.B. Alamo, Avis, Budget, Dollar und Hertz zu finden. Sie können also ein Fahrzeug an Ort und Stelle mieten. Dabei besteht natürlich das Risiko, dass unerfahrene Reisende übervorteilt werden können. Ich halte es für sinnvoller, das Fahrzeug schon zu Hause zu mieten, beispielsweise über den ADAC oder über Reisebüros.

Falls es zu Komplikationen kommt, ist Ihr Vertragspartner der heimische Reiseveranstalter. Außerdem können Sie die Preise in Ruhe vergleichen. Etliche Reiseveranstalter bieten Pkw, Motorräder und Wohnmobile an. Meist sind notwendige Versicherungen im Mietpreis eingeschlossen.

Wenn Sie nach Ihrer Landung das Flughafengebäude verlassen haben, achten Sie auf die *Shuttle*-Busse der jeweiligen Mietwagenfirmen. Diese Pendelbusse fahren regelmäßig zwischen den verschiedenen Terminals und der Vermietstation hin und her. Die Beförderung ist kostenlos.

Post

Briefmarken für die Grüße nach Hause erhalten Sie selten dort, wo Sie Ansichtskarten kaufen. Aber auch in kleinen Orten gibt es Postämter. Gebühren sind wie bei uns variabel und die Preise für Pakete sind wie bei uns abhängig von Größe und Gewicht, erkundigen Sie sich direkt im Post Office.

Rauchen

Die Bestimmungen sind immer schärfer geworden. Rauchen ist fast überall in geschlossenen Räumen verboten. Bei Motels und Hotels haben Sie immer die Wahl zwischen Raucher- und Nichtraucherzimmern. Genaueres finden Sie unter:

www.smokefreeworld.com.

Reisezeit, Klima

Auf der Route 66 durchfahren Sie mehrere Klimazonen, so dass Sie sich auf die unterschiedlichsten Temperaturen einstellen müssen. Daher ist es schwierig, eine Empfehlung für die beste Reisezeit zu geben. Gleichmäßige Temperaturen werden Sie auf der Route 66 zu keiner Jahreszeit erleben. So wird es z.B. in der Mohave-Wüste im Hochsommer oft über 50°C heiß, während Sie in Illinois an manchen Tagen einen Pullover zu schätzen wissen. Sie müssen daher vorher überlegen, was Ihnen bei dieser Reise wichtig ist und ob Sie sich eher bei hohen oder bei niedrigen Temperaturen wohl fühlen.

Wenn Sie vorhaben, an Ihre Reise ein paar Tage Badeurlaub am Pazifik anzuschließen, sollten Sie im Sommer fahren, da die Temperatur dann an der Küste sehr angenehm ist. Dafür müssen Sie aber zu dieser Jahreszeit in einigen Gegenden Temperaturen von über 50°C in Kauf nehmen.

Fahren Sie dagegen im Spätfrühling, können Sie in höher gelegenen Gebieten Arizonas und New Mexicos noch mit Schnee rechnen!

Zur Hurrikan-Saison im August/September können sich die Ausläufer der Wirbelstürme bis nach St. Louis oder Chicago mit Dauerregen auswirken, wie beispielsweise "Gustav" in 2008. Wenn Sie etwas Reservezeit eingeplant haben, können Sie das schlechte Wetter in einem Motel unterwegs ein paar Tage aussitzen und sich erholen.

Als Beispiel habe ich die durchschnittlichen Temperaturen einiger Städte im Frühling, Hochsommer und Herbst angegeben, sowie die Bandbreite der tiefsten bzw. höchsten Temperaturen während des ganzen Jahres.

	Frühling	Sommer	Herbst	Bandbreite
Chicago	15°	24°	16°	-7° bis +28°
St. Louis	20°	26°	18°	-5° bis +33°
Albuquerque	13°	27°	14°	-3° bis +35°
Flagstaff	12°	26°	17°	-6° bis +32°
Kingman	21°	36°	25°	-1° bis +48°
Los Angeles	13°	21°	19°	+7° bis +24°

Sicherheit

Grundsätzlich sind Sie in den USA nicht gefährdeter als in deutschsprachigen Ländern. Vor allem in den ländlichen Gebieten und in den kleinen Städten ist die Kriminalitätsrate sogar recht niedrig. Leichtsinn ist natürlich auch nicht angebracht, aber das gilt genauso für das Verhalten im eigenen Land.

Menschenansammlungen sind immer ein Paradies für Taschendiebe, tragen Sie daher Wertsachen wie Reisepass, Flugticket etc. am Körper. Besser als Brustbeutel sind flache Gürteltaschen geeignet, die man unter der Kleidung nicht so leicht sehen kann.

Schließen Sie Ihr Auto immer ab und lassen Sie keine Wertgegenstände sichtbar im Wagen liegen.

Es kann auch nicht schaden, wenn man teuren Schmuck oder die extravagante Uhr zu Hause lässt.

Wie bei uns auch, gibt es in den Großstädten der USA Gegenden, die man nachts besser meidet. Mit anderen Worten: Schalten Sie im Urlaub nicht Ihren Verstand aus und beachten Sie die gleichen Sicherheitsmaßnahmen wie zu Hause.

Besser als Bargeld sind Travellerschecks, die Sie in jeder Bank erhalten. Bei Verlust oder Diebstahl werden diese ersetzt. Einen eventuellen Diebstahl sollten Sie sofort der Polizei melden und sich ein Protokoll aushändigen lassen.

☺ Von allen wichtigen Dokumenten, wie z.B. Flugtickets und Ausweisen, sollten Sie eine Fotokopie machen, die Sie getrennt von den Originalen aufbewahren. Bei einer sogenannten "Ticketlosen Buchung" sollten Sie sich die Vorgangs- bzw. Rechnungsnummer notieren. Ebenso sollten Sie getrennt von der Kreditkarte die Telefonnummer für eine eventuelle Sperrung mitnehmen.

Sprache

Auf eine Liste der wichtigsten Begriffe habe ich hier bewusst verzichtet, weil Sie diese Reise besser nur unternehmen sollten, wenn Sie über Grundkenntnisse der englischen Sprache verfügen.

Die Amerikaner sind zwar sehr hilfsbereit und versuchen, sich mit Ihnen in Zeichensprache zu verständigen. Aber was wollen Sie zum Beispiel machen, wenn Sie irgendwo in der Einöde stehen und ein Problem mit dem Auto haben? Ein ganz einfacher Wortschatz reicht aus, die Grammatik ist in diesem Fall unwichtig, den Rest bewältigen Sie mit einem Wörterbuch.

☺ Am Ende des Buches habe ich deshalb eine Liste der autorelevanten Begriffe in dem Kapitel **Auto.Lex** zusammengestellt.

Telefon

Wenn Sie von einer öffentlichen Telefonzelle aus telefonieren, sammeln Sie vorher genügend *Quarters* (25-Cent-Münzen). Außer bei Ortsgesprächen können Sie oft nicht selbst wählen, sondern müssen das Gespräch über den *Operator* vermitteln lassen. Wählen Sie die 0, dann werden Sie vom *Operator* aufgefordert, die Nummer zu nennen, und man sagt Ihnen, wie viel Geld Sie einwerfen müssen. Dauert das Gespräch länger, meldet sich die Stimme wieder und fordert Sie auf, weitere Münzen einzuwerfen. Da geschlossene Telefonzellen wie bei uns nahezu unbekannt sind, hört sich das leichter an, als es ist. Oft hängen die Telefone, abgeschirmt durch etwas Plexiglas, an bevölkerten, lauten Orten. Es ist nicht sehr witzig, bei Straßenlärm zu versuchen, mit einem amerikanisch nuschelnden Operator zu kommunizieren.

Sie können von bestimmten Apparaten mit einer Telefonkarte oder Kreditkarte telefonieren. Falls Sie mit Karte telefonieren, richten Sie sich nach der Anleitung der Telefongesellschaft, die sie ausgegeben hat, bzw. nach der Instruktion am Apparat.

☺ Am bequemsten (aber auch am teuersten) telefoniert man vom Hotelzimmer aus. Sagen Sie an der Rezeption Bescheid, dass Sie eine Leitung brauchen. Leider funktioniert das aber nicht in allen Häusern.

☹ Wegen der unterschiedlichen Frequenzen funktionieren alte Handys (in den USA *cell phone* genannt) in den USA nicht. Sie benötigen ein Tri-band-Handy, das aber seit Jahren Standard ist. Vieltelefonierer sollten sich in den Staaten ein billiges Handy mit Prepaidcard kaufen.

Trinkgeld

Die Bedienungen in den Restaurants erhalten ein sehr geringes Gehalt und leben hauptsächlich von den Trinkgeldern, den *Tips*. Üblich ist ein Betrag von 10 bis 15 % der Rechnungssumme.

Kontrollieren Sie aber vorher die Rechnung: Vor allem in Touristenhochburgen könnte das Trinkgeld schon im Endbetrag enthalten sein! Offensichtlich hat man die Erfahrung gemacht, dass Gäste ohne *Tip* verschwunden sind. Auf der Rechnung ist in diesem Fall vermerkt: *Gratuity* oder *Gratuity included*. In Fast-Food-Restaurants wird kein Trinkgeld erwartet.

Für kleine Dienstleistungen sollten Sie immer einige Dollarnoten passend haben. In Hotels erwartet der Kofferträger ein bis zwei Dollar (je nach Gepäckmenge) und das Zimmermädchen einen Dollar pro Tag. Im Taxi sollten Sie ebenfalls großzügig aufrunden.

Unterkunft

Motel- und Hotelpreise in den USA beziehen sich im Allgemeinen **auf den Raum**, unabhängig von der Anzahl der Personen. Auf den Preis wird je nach Staat die übliche Steuer, die **Tax**, aufgeschlagen. Viele Zimmer haben zwei französische Betten, sodass man mit vier Personen in einem Zimmer übernachten kann.

Viele Motels sind so angelegt, dass man mit dem Auto unmittelbar **bis vor die Zimmertür** fahren kann. Wenn man aus dem Koffer lebt, ist das sehr praktisch. Wenn Ihnen das Hochtragen von Gepäck nichts ausmacht, sollten Sie lieber ein Zimmer im oberen Stockwerk nehmen - evtl. Getrampel von schwergewichtigen Personen oder Quietschen von Dielenbrettern entfällt dann.

Zimmer zu ebener Erde sind im *first floor*, die auf der ersten Etage im *second floor*. Zimmernummern beginnend mit einer zweihundert sind also im Allgemeinen im ersten Stock.

Amerikanische Motelzimmer bieten guten Komfort **zu vergleichsweise niedrigen Preisen**. Die Ausstattung besteht meist aus ein bis zwei breiten Betten, einem Tisch, Stühlen, Sesseln oder Couch, Bad, Klimaanlage, Fernseher und Telefon, Radiowecke (checken, ob die Weckfunktion abgeschaltet ist!), manchmal sogar einer Kaffeemaschine mit Kaffeefiltern, einem Fön, einem Bügelbrett mit -eisen und oft ist ein Kühlschrank vorhanden. Falls nicht, liefert eine Eiswürfelmaschine neben der Rezeption die notwendige Kühlung für Essen und Getränke.

Häufig findet man, vor allen im Süden, auch einen Swimmingpool - manchmal sogar mit Wasser drin - aber oft nur in der Größenordnung einer gut dimensionierten Badewanne.

Wichtig kann sein, ob es eine **Guest Laundry** gibt, also Waschmaschinen und Trockner. Meist kosten diese Münzmaschinen nur je $ 1 pro Gang plus Waschpulver für ebenfalls $ 1.

Wenn Sie aufs **Internet** nicht verzichten können oder wollen und Ihren Laptop (mit entsprechender Karte) dabeihaben, achten Sie auf die Ankündigung WI-FI, einen drahtlosen Internetzugang von Ihrem Hotelzimmer aus. Leider wird da oft mehr versprochen als gehalten und Enttäuschungen sind programmiert. Meist ist die WI-FI-Nutzung kostenlos, in fast allen "Motel 6" muss allerdings zusätzlich $ 3 für den Zugangscode bezahlt werden.

In größeren Städten finden Sie Downtown vorwiegend **Hotels** aller Kategorien. Die Grundausstattung ist wie bei den Motels. In einigen Hotels wird allerdings eine Gebühr für den Parkplatz verlangt.

Im Allgemeinen ist im Zimmerpreis der Motels und Hotels **kein Frühstück** enthalten. Hotels verfügen jedoch meist über einen *Coffee Shop*, Motels liegen oft in unmittelbarer Nähe von Restaurants (auch wenn Sie mit Mc oder burger anfangen).

Einige Motels werben mit **Continental Breakfast**. Sie erhalten dann kostenlos Kaffee/Tee, Toast, Butter und Marmelade und/oder Gebäck, oft auch Corn Flakes und Orangen-/Apfelsaft und Milch.

Entlang der Route 66 werden Sie auch in der Hochsaison keine Probleme haben, **ohne Reservierung** ein Zimmer zu bekommen. Fahren Sie einfach in die Ortschaft, sehen Sie sich die Motels an und entscheiden Sie sich für eins davon. Den kleinen privaten Motels, die keiner bekannten Kette angehören, sollten Sie den Vorzug geben, sie gehören einfach zum Reiz dieser Reise.

☺ Wenn Sie Zweifel an der Sauberkeit oder der Ausstattung haben, lassen Sie sich vorher das Zimmer zeigen und lehnen ggf. dankend ab. Leider habe ich bei den älteren - überwiegend von Indern geführten - Motels im Jahr 2008 die Erfahrung machen müssen, dass die Aussagen betreffs Sauberkeit oder der Ausstattung der Zimmer nicht immer den tatsächlichen Gegebenheiten entsprachen. Beispielsweise fehlten Glühbirnen, die Tür ließ sich nicht abschließen/verriegeln, WI-FI funktionierte nicht, der zugesagte Morgenkaffee war nicht vorhanden, der Eiswürfelautomat war defekt und Seife fehlte. Immer mehr von Amerikanern geführte Motels sind deshalb schon zur leider etwas diskriminierenden Werbeaussage "American Owned and Managed" übergegangen.

Wenn Sie **mit mehreren Leuten** unterwegs sind, ist es an touristischen Orten - z.B. in der Nähe des Grand Canyon - sinnvoll, eine Reservierung vorzunehmen.

☺ Für Chicago sollten Sie auf jeden Fall buchen, ebenso für den Endpunkt der Reise in Santa Monica.

Gute **Stadthotels** sind in den Angeboten vieler Reiseveranstalter enthalten. Einige Hotelketten haben Agenturen in Deutschland, dort können Sie eine Hotelliste anfordern und über eine kostenlose Telefonverbindung oder das Internet Zimmer reservieren lassen.

In allen Häusern der bekannten Ketten liegen sogenannte *Directories* aus, die Sie mitnehmen können. Diese Handbücher informieren über die Lage und den Preis aller angeschlossenen Häuser. Es ist empfehlenswert, sich schon zu Hause im Internet zu informieren, beispielsweise bei:

- Motel 6 🖳 www.motel6.com
- Super 8 Motels 🖳 www.super8.com
- Best Western 🖳 www.bestwestern.com
- Choice-Hotels 🖳 www.choicehotels.com (Clarion, EconoLodge, Quality Inn)
- Travelodge 🖳 www.travelodge.com

☺ Beim Erfragen des Zimmerpreises an der Rezeption warten Sie zunächst die Antwort ab und fragen dann nach dem Discount für *Triple-A-Member*, der meist etwa 10 % beträgt. Der AAA (deshalb Triple-A = dreifach A) ist der amerikanische Automobilclub und dem ADAC durch ein Abkommen verbunden. Also Ihren ADAC-Mitgliedsausweis nicht vergessen! Auch sonst ist der Ausweis für manchen *Discount* gut, beispielsweise bei Eintrittspreisen. Fragen kostet nichts!

Updates

Der Conrad Stein Verlag veröffentlich Updates zu diesem Buch die direkt von den Autoren oder von Lesern dieses Buches stammen. Bitte schauen Sie vor der Abreise auf die Verlags-Homepage.

🖳 www.conrad-stein-verlag.de

Verkehr

Auf den Fernstraßen der USA fährt man wesentlich entspannter und gelassener als in Europa, was zum einen sicherlich an den Geschwindigkeitsbeschränkungen liegt und zum anderen daran, dass die Einhaltung wesentlich konsequenter kontrolliert wird als bei uns.

▷ Als **Highways** werden alle Überlandstraßen bezeichnet, **Freeways** sind kreuzungsfreie mehrspurige Autobahnen, mautpflichtige Autobahnen heißen **Turnpikes**. **Parkways** sind besonders schön angelegte und geschwungene Highways, für die Lkw-Beschränkungen gelten.

▷ Das **Tempolimit** ist in den einzelnen Staaten unterschiedlich, bei einer Bandbreite von 60 bis 75 Mph (95 bis 130 km/h). In Ortschaften gilt ein *Limit* von 35 Meilen (manchmal sogar nur 25 Mph, besonders im

Bereich von Schulen), auf Landstraßen im allgemeinen 55 Mph. Die jeweils erlaubte Geschwindigkeit wird immer durch Schilder angezeigt. Sie sollten sich unbedingt an die Begrenzungen halten, denn die Strafen für zu schnelles Fahren können sehr hoch sein. Ortsschilder sind meist nicht zu sehen, auf jeden Fall zeigen sie nicht an, dass ab hier 35 Mph gilt.

▷ Auf den **Interstates**, die in der Nähe großer Städte oft 4 bis 6 Spuren in jeder Richtung haben, dürfen Sie, wenn nichts anderes angezeigt ist, links und rechts überholen. Vergessen Sie beim **Fahrstreifenwechsel** daher niemals, in beide Rückspiegel zu sehen und Blinkzeichen zu geben. Die Regel ist "Keep your Lane" (bleib in Deiner Spur). Bei einem Unfall ist meist derjenige schuld, der die Spur gewechselt hat.

▷ Das **Interstate-System** ist seinerzeit genial ausgedacht worden: Gerade Nummern bedeuten, dass die Interstate in Ost-West-Richtung verläuft (gezählt wird von Süden), ungerade Nummern verlaufen in Nord-Süd-Richtung (beginnend im Westen). Die jeweilige Fahrbahnrichtung (North/ South oder West/ East) wird bei der Beschilderung entsprechend angegeben. Dreistellige Interstate-Nummern ergeben sich in Ballungszentren bei Stadtumfahrungen.

☺ Fahren Sie in der Nähe von **Großstädten** möglichst nicht auf der rechten Spur, sondern wählen Sie die Mittelfahrbahn. Die Ausfahrten sind oft so gestaltet, dass Sie sich plötzlich auf der Spur befinden, die ausfahren muss und auf dem Schild gelb unterlegt ist: "Right Lane Must Exit". Es gibt manchmal auch Ausfahrten auf der linken Seite!

▷ Grundsätzlich dürfen Sie nur unterbrochene Linien überfahren. Eine **Doppellinie** darf nicht überfahren werden, auch wenn kein Verkehrsteilnehmer behindert wird.

▷ Die meisten Schilder sind in **Schrift** und erklären sich meist von selbst. Einige ähneln den europäischen Schildern, bis auf zwei sehr wichtige Schilder: Ein rechteckiges, weißes Schild mit der Aufschrift "Speed Limit" und einer Zahl zeigt die Höchstgeschwindigkeit an, ein dreieckiges gelbes Schild mit der Aufschrift "No Passing Zone" bedeutet Überholverbot.

▷ Wenn Sie direkt hinter sich ein **Polizeifahrzeug** mit rot-blauem Blinklicht sehen, das die Sirene heulen lässt, haben Sie wahrscheinlich etwas falsch gemacht und werden nun belehrt und bekommen ein *Ticket* (einen Strafzettel). Fahren Sie rechts ran, halten an, bleiben unbedingt im Wagen sitzen, öffnen die Seitenscheibe und legen die Hände aufs Lenkrad. Bleiben Sie gelassen und höflich, Sie könnten anderenfalls den Kürzeren ziehen!

▷ Teuer kann es auch werden, wenn Sie im **Halteverbot** parken. Halten Sie daher niemals an einer rot bzw. gelb markierten Bordsteinkante oder an einem Hydranten. Blaue Markierungen halten den Platz frei für Behinderte. Achten Sie auch auf Schilder, die das Parken zu bestimmten Uhrzeiten verbieten. Oft signalisiert auch das Schild "Tow Away Zone" (Abschleppzone), dass Falschparker konsequent abgeschleppt werden.

▷ Insgesamt fahren Amerikaner rücksichtsvoller als wir. Vor allem in der Nähe von Schulen gelten strenge Regeln: So dürfen z.B. haltende **Schulbusse** nicht überholt werden, wenn das Blinklicht eingeschaltet ist. Sie dürfen auch nicht aus der Gegenrichtung daran vorbeifahren. Die Sicherheit der Kinder hat Vorrang.

▷ An Ampelkreuzungen darf man **bei Rot rechts abbiegen**, vorausgesetzt, man beachtet die Vorfahrt der querenden Fahrzeuge und Fußgänger. Ausnahme: Wenn ein Schild anzeigt "No turn on Red", ist es nicht erlaubt.

▷ In Europa undenkbar: **4-Way-Stop** (manchmal auch *All-Way* oder *3-Way-Stop*). Das sind Kreuzungen, an denen an jeder Einmündung ein Stoppschild steht. Jeder muss anhalten. Wer zuerst da war, darf als Erster fahren. Kaum zu glauben, es funktioniert reibungslos - aber ein Fehlverhalten wird hart bestraft!

▷ Die **gelben Mittelfahrbahnen** mit den Pfeilen sind zum Ein- und Abbiegen zu den Einfahrten von Einkaufszentren, Motels, Tankstellen und Läden gedacht, also mit Vorsicht benutzen.

Verpflegung

Falls Sie Campingurlaub machen, werden Sie sich sicher selbst verpflegen. Das Angebot in den Supermärkten ist hervorragend und bietet für jeden Geschmack etwas.

☺ Trotz gegenteiliger Aussagen kann man die zwar preiswerte, aber meist einfallslose und kalorienreiche Kost in den **Fast-Food-Restaurants umgehen**. Es gibt eine Vielzahl von Restaurants, *Diners* und *Coffee-Shops*, die einfache, aber gesunde und preiswerte Speisen anbieten. Empfehlenswert sind vor allem die *Family Restaurants* (beispielsweise *Sizzlers*, mit einer großen Salatbar).

Eine wichtige Mahlzeit der Amerikaner ist das **Frühstück** (*Breakfast*), allerdings entsprechen die gehaltvollen Eiergerichte mit Fleisch und Speck nicht unbedingt europäischen Vorstellungen. Es ist aber durchaus möglich, sich ein paar Scheiben Mehrkorntoast, etwas Käse, Marmelade und Aufschnitt zu bestellen, auch wenn das nicht auf der Karte steht.

Das **Mittagessen** ist ein leichter *Lunch*, die meisten Supermärkte und Tankstellen bieten für kleine Zwischenmahlzeiten *Sandwiches* und andere leichte Snacks an. In einigen Supermärkten gibt's eine heiße Theke, in denen beispielsweise Hähnchenteile und Wedges angeboten werden.

Die **Hauptmahlzeit** (*Dinner*) wird am Abend eingenommen, auf den Speisekarten (*Menu*) finden Sie meist ein ausreichendes Angebot an Geflügel- und Fleischgerichten, die Sie selbst mit Gemüse, Salaten und anderen Beilagen kombinieren können.

Alkoholische Getränke werden in vielen Restaurants nicht angeboten, dazu ist eine besondere Lizenz notwendig.

In den meisten Restaurants ist es üblich, dass den Gästen ein **Tisch zugewiesen** wird: "Please wait to be seated". Die Rechnung zahlt man nicht am Tisch, sondern an einer Kasse am Ausgang. In Restaurants der gehobenen Preisklasse erledigt das jedoch häufig die Kellnerin oder der Kellner für Sie.

Achten Sie darauf, ob außer der üblichen Steuer auch schon die **Bedienung** im Preis enthalten ist. Meist ist das aber nicht der Fall, dann wird erwartet, dass Sie etwa 15 % Trinkgeld geben. Das Trinkgeld können Sie in bar auf dem Tisch liegen lassen oder, falls Sie mit Kreditkarte zahlen, an der Kasse auf dem Beleg addieren.

In großen Supermärkten gibt es eine Wein- und Bierabteilung, während andere **Alkoholika** nur in *Liquor Shops* (die aber auch Wein und Bier verkaufen) erhältlich ist.

Sehr selten sind sprudelnde **Mineralwässer** ohne Geschmack zu bekommen. Das Angebot an stillen Wassern ist jedoch enorm.

Brot gibt es überwiegend nur als weiches und pappiges Sandwich- oder Toastbrot. Selten erhältlich - und wenn dann nur in großen Supermärkten - ist Brot mit einer herzhaften Kruste.

Versicherungen

Eine Auslandsreise-Krankenversicherung ist zu empfehlen (☞ Gesundheit). Ebenso ist bei teuren Reisen eine Reisekosten-Rücktrittsversicherung sinnvoll, um hohe Stornierungskosten im Falle einer plötzlichen Erkrankung etc. zu vermeiden.

Vor Abschluss einer Reisegepäck-Versicherung sollten Sie sich die Versicherungsbedingungen genau durchlesen. Oft sind diese so streng, dass nur selten gezahlt wird, wenn wirklich etwas gestohlen wird.

Was anders ist in USA

Viele Dinge, die in den USA anders als bei uns sind oder gehandhabt werden, sind schon im Text erwähnt. Was aber nicht in eine Kategorie passte, haben wir hier aufgeführt.

▷ Grundsätzlich: Auf alle Preise werden überall **Steuern** aufgeschlagen, ausgenommen beim Tanken!

▷ Beim **Tanken** muss vorher bezahlt werden - ohne Vorkasse läuft nichts mehr. Das geschieht am einfachsten, indem Sie Ihre Kreditkarte in den Automaten stecken, den Anweisungen auf dem kleinen Monitor folgen, den gewünschten Kraftstoff wählen (87er ist gut genug), die Zapfpistole (*Nozzle*) entnehmen, den Halter hochklappen und auffüllen. Nozzle wieder einhängen, Quittung (*Receipt*) drücken, Abfahrt. Alternativ können Sie aber auch in die Tankstelle gehen, Ihre Kreditkarte gewissermaßen als Pfand abgeben (nicht empfohlen) oder die gewünschte Summe in bar abgeben. Die Zapfsäule wird dann freigeschaltet.

✋ Ganz wichtig: Dieselzapfpistolen sind manchmal gelb oder grün, Benzinzapfpistolen habe ich nur in schwarz gesehen! Also unbedingt aufpassen und die richtige greifen!

▷ Autos mit Schaltgetriebe gibt es so gut wie gar nicht mehr als Mietwagen. Ein Wagen mit **Automatikgetriebe** wird normalerweise nur mit **D (für Drive)** und dem rechten Fuß gefahren (der linke wird gaaanz links abgestellt). Es kann nur mit **P (für Parking)** gestartet werden und dabei muss zusätzlich der Fuß auf der Bremse stehen. Der Schlüssel lässt sich nur mit **P** abziehen und gleichzeitig ist das Getriebe blockiert, sodass der Wagen nicht wegrollen kann. Auf abschüssigem Gelände sollte aber trotzdem die Handbremse zusätzlich angezogen werden.

R steht für Reverse (Rückwärtsgang), **N steht für Neutral** (alle Gänge raus, der Wagen kann rollen).

1, 2 oder 3 sind kleine Gänge, die nur bei starken Steigungen in Ausnahmefällen benutzt werden sollten.

▷ **Motel- und Hotelzimmer** werden immer im Voraus bezahlt. Am einfachsten ebenfalls per Kreditkarte. Außerdem wird eine "Ei-di" (ID) verlangt, also entweder der Führerschein oder der Personalausweis/Reisepass.

▷ **Zimmerschlüssel** gibt es kaum mehr (nur noch in den kleinen und alten Motels). Als Schlüssel bekommen Sie eine Plastikkarte mit einem Magnetstreifen, die in einen Schlitz an der Tür eingeführt werden muss. Lässt sich die Tür nicht beim ersten Versuch öffnen, probieren Sie es noch einmal, indem Sie die Karte schneller rausziehen. Sollte es doch einen Schlüssel geben, so passt dieser meist für das Schloss im Knauf. Man kann die Tür von innen verriegeln, entweder durch Eindrücken oder Drehen des kleinen Knopfes. Zusätzlich sollte grundsätzlich ein Riegel oder eine Kette von innen vorgelegt werden.

▷ Meist sind in den **Bädern** nur Badewannen vorhanden. In dem Fall sollten Sie beim **Duschen** zuerst immer die gewünschte Wassertemperatur einregeln und dann den kleinen Knopf am unteren Einlaufhahn hochziehen. Es wird immer "sprühgeduscht", denn es gibt keine abnehmbaren Handbrausen. Duschkabinen statt Badewannen sind aber auf dem Vormarsch.

▷ Amerikaner sind **blinkfaul beim Autofahren**, also aufgepasst! Die Amis fahren oft nach dem Motto: Ich weiß, wo ich hinwill, und alle anderen geht das gar nichts an!

- ▷ Der Erfindungsreichtum der amerikanischen Designer hat uns fasziniert! In jedem Motel waren wir aufs Neue darauf gespannt, wie und wo man die **Wand- und Tischlampen** anmacht: Drehen (mal links, mal rechts herum), Hebel kippen, Bolzen durchschieben, Schnur ziehen, Schalter im Sockel, einmal drehen: linke Lampe, zweimal drehen: linke Lampe aus, rechte an, dreimal drehen: beide an ... usw. Sie finden sicher noch mehr Beispiele! Im El Rancho Motel in Gallup funktionierte der Fernseher nur bei eingeschalteter Deckenbeleuchtung.
- ▷ Auch die Vielfalt der **Sanitärsysteme** ist verblüffend. Wir haben nur selten zwei Duschen gefunden, die in gleicher Weise zu bedienen waren: Mal kam das heiße Wasser aus dem linken und mal aus dem rechten Hahn. Mal drehte man rechts herum auf, mal links herum. Mal musste der Mischhahn gedreht, mal gekippt und mal gezogen werden. Heute habe ich erstmalig sogar einen Hahn erlebt, der keinen solchen Knopf hatte: Ein Anruf in der Rezeption brachte Aufklärung: Bei dieser Konstruktion muss der Perlator (die Mischdüse) nach unten gezogen werden, um die Umschaltung zu erreichen. Toll, da soll man drauf kommen! Vielleicht handelt es sich aber auch nur um einen Intelligenztest für müde Reisende?

Zeit

Die USA sind so groß, dass Sie mehrere Zeitzonen durchfahren. In den Staaten Illinois, Missouri, Kansas, Oklahoma und Texas gilt die *Central Time* (MEZ minus 7 Stunden), in New Mexico und Arizona die *Mountain Time* (MEZ minus 8 Stunden) und in Kalifornien die *Pacific Time* (MEZ minus 9 Stunden).

Von April bis Oktober werden - wie bei uns - die Uhren um eine Stunde vorgestellt. Nur Arizona macht nicht mit, dort gilt im Sommerhalbjahr die Pacific Time.

Die Amerikaner kennen die 24-Stunden-Uhr nicht, sie taucht nur hin und wieder mal in Flugplänen auf. Die Zeit von 0:00 bis 12:00 wird als als a.m. (von lat. *ante meridiem* = vor Mittag) bezeichnet, die Zeit von 12:00 bis 24:00 als p.m. (*post meridiem* = nach Mittag).

Zeitplanung

Wie lange braucht man für die Strecke? Diese Frage ist nicht allgemeingültig zu beantworten. Wenn man den ganzen Tag lang fährt und wenig Pausen macht, kann man in 8 bis 9 Tagen am Ziel angelangt sein. Wir trafen einen Freak, der sieben Tage für die Route 66 eingeplant hatte und drei Tage für die Rückfahrt auf der Interstate. Wir wissen nicht, ob es ihm gelungen ist. Vor allem ist uns nicht klar, was er davon hat, mit der höchstmöglichen Geschwindigkeit die Straße entlangzubrettern, ohne etwas von der einzigartigen Atmosphäre zu spüren.

Realistischer ist es, pro Tag etwa 200 Meilen einzuplanen. Dann hat man Zeit, die Reise zu genießen. Das sind 12 Tage für die Strecke. Rechnen Sie noch den Ankunftstag oder besser zwei dazu und ein bis zwei Strandtage in Santa Monica. Dann haben Sie 16 Tage, um die Route 66 in Ruhe zu bewältigen. Kleinere Besichtigungen von Sehenswürdigkeiten, die direkt an der Route liegen, sind schon eingeschlossen. Für jeden zusätzlichen Ausflug, z.B. zum Grand Canyon, sollten Sie einen weiteren Tag einplanen. Mit Hin- und Rückflug brauchen Sie einen dreiwöchigen Urlaub, sonst wird es Stress.

Zoll

Außer dem persönlichen Reisegepäck dürfen Waren im Wert von $ 100 in die USA eingeführt werden, darüber hinaus 200 Zigaretten und (nur Personen über 21 Jahre) 1 Liter Spirituosen oder 2 Liter Wein. Bargeld im Wert von über $ 10.000 darf mitgebracht, muss aber angegeben werden.

Frische Lebensmittel dürfen nicht eingeführt werden (Obst, belegte Brote etc.).

Bei der Rückreise nach Deutschland dürfen Sie pro Person Waren bis € 175 mitnehmen und zusätzlich 200 Zigaretten, 500 g Kaffee, 50 g Parfüm und 1 l Spirituosen bzw. 2 l Wein.

Die Route 66

Chain of Rocks Bridge

Routenvorbemerkungen

Offensichtlich sind Sie bereit, 2.400 Meilen (= fast 3.900 km), größtenteils auf zweispurigen Landstraßen, quer durch Amerika zu fahren - sonst hätten Sie kein Interesse an diesem Buch.

Obwohl die Route 66 nicht mehr als durchgehende Straße existiert, ist es nicht so schwer, wie man es sich vielleicht vorstellt. Die *Route 66 Association* hat in allen acht Staaten über weite Strecken braun-weiße **Historic-Route-66-**Schilder aufgestellt, die im Zweifelsfall weiterhelfen sollen. Allerdings findet man diese Schilder gelegentlich nicht vor Kreuzungen, sondern oft weit dahinter, praktisch zur Bestätigung, dass man auf der richtigen Straße ist. Leider fehlen die Schilder über weite Strecken völlig - was aber von Staat zu Staat verschieden ist.

Bei den Stadtdurchfahrten ist es meist etwas schwieriger. Während man in Kleinstädten im Allgemeinen dem *Business Loop* folgen kann, wird es in Großstädten kompliziert. Die Streckenführung wurde im Laufe der Jahre immer mal wieder verändert, so dass man mehrere Möglichkeiten hat.

Wir haben uns auf unserer Tour jeweils für die Strecke entschieden, die große Teile der historischen Streckenführung mit der Möglichkeit einer Stadtbesichtigung verbindet und gleichzeitig leicht in die Stadt hinein und wieder heraus führt.

An allen wichtigen Kreuzungen oder Punkten an der Route habe ich den Meilenstand unseres Mietwagens notiert. Dennoch werden Sie feststellen, dass Sie gelegentlich andere Angaben auf Ihrem Tacho haben. Das hat zwei Ursachen: Zum einen mussten wir häufig wenden, weil die Streckenkennung in den erhältlichen Karten und Stadtplänen unklar war und die Beschilderung nicht ausreichte.

Zum anderen basieren die Meilenangaben auf dem Tachometer unseres Mietwagens. Diese "Meilenzähler" können selbst bei Fahrzeugen des gleichen Typs erheblich abweichen. Auf einer unserer Touren mit zwei befreundeten Paaren fuhren wir drei baugleiche Chrysler desselben Jahrgangs. Am Ende einer 3.000-Meilen-Strecke ergab sich ein Unterschied von ca. 260 Meilen zwischen dem niedrigsten und dem höchsten Tachostand = fast 10 %! Dadurch ergeben sich natürlich auch Unterschiede zu Straßenschildern und Angaben auf Landkarten.

☺ Am besten vergleichen Sie Ihre Meilenstände nicht komplett mit unseren, sondern nehmen jeweils die Differenz zwischen zwei Angaben. Auf die Nennung von Kilometerständen wurde logischerweise verzichtet, da die amerikanischen Mietwagen bzw. -motorräder sowieso nur Meilen anzeigen.

Übernachtungsmöglichkeiten und Restaurants können wegen der Fülle der Möglichkeiten nicht vollständig aufgeführt werden. Ich habe mich darauf beschränkt, einige zentral bzw. an der Strecke gelegene Motels und Restaurants anzugeben. Sie werden aber keinerlei Probleme haben, auch unabhängig von diesen Vorschlägen etwas zu finden. Vor allem bei den Restaurants habe ich den typischen alten *Route-66-Dinern* den Vorzug gegeben.

Route durch Illinois 298 Mi

ℹ Visitor Information Center, 78 E. Washington Street, **Chicago**,
☏ (312) 744-2400, 💻 www.chicagotraveler.com/chicago_tourism.htm,
💻 www.choosechicago.com/Pages/default.aspx

"Where the Road begins!"

Obwohl eine Route-66-Reise natürlich durchaus auch Richtung Osten in Los Angeles beginnen könnte (schließlich ist die Route 66 keine Einbahnstraße), stellt sich das echte "Route-Gefühl" erst ein, wenn man den Spuren der Menschen folgt, die mit dieser Straße eine Hoffnung verbanden: den Weg in den

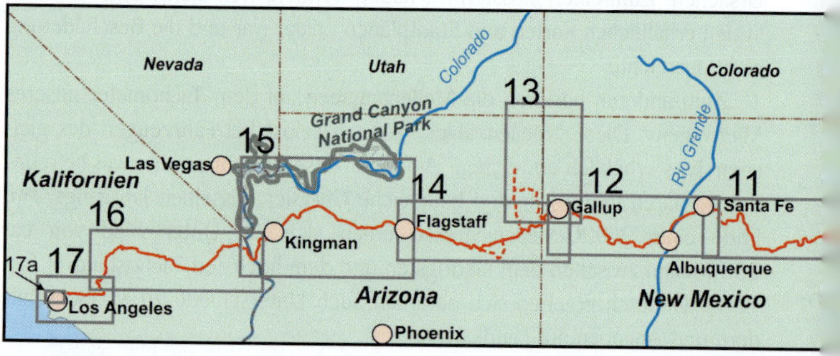

Westen, den Weg in eine - vermeintlich - bessere Zukunft. Machen Sie es genauso und beginnen Sie die Straße in Chicago und freuen Sie sich auf eine unvergessliche Reise in den Westen!

Bevor Sie die Reise antreten, sollten Sie sich aber ein paar Tage in Chicago gönnen. Durch die geografische Lage am Michigan See wurde die Stadt Mitte des 19. Jahrhunderts zu einem bedeutenden Handelszentrum. Die sehenswerte Architektur wurde zum Vorbild der Gestaltung vieler Großstädte. Kulturell bietet Chicago eine Fülle von Möglichkeiten. Wer *Shopping* bevorzugt, kommt hier voll auf seine Kosten.

Das Angebot der Stadt ist derartig groß, dass ich hier nur exemplarisch einige Sehenswürdigkeiten nennen möchte: den Sears Tower mit 110 Stockwerken, das Einkaufs- und Vergnügungscenter Water Tower Place, das Arts Institute of Chicago, den Grant Park am Lake Michigan mit dem schönen Brunnen "Buckingham Fountain" und nicht zuletzt die Michigan Avenue, wegen der vielen exklusiven Läden auch "Magnificent Mile" genannt. Hier, an der Michigan Avenue, wird auch der Anfangspunkt Ihrer Reise sein.

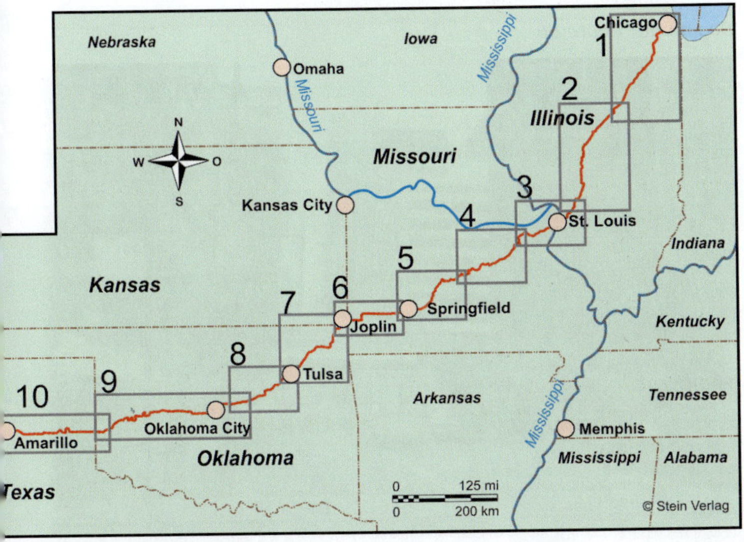

Der Beginn der Route wurde mehrmals verändert. Die ganz alte Route begann am Jackson Boulevard. Die Straße wurde jedoch zur Einbahnstraße und der Beginn der Route musste verlegt werden. Heute ist der Startpunkt an der Ecke Michigan Avenue/Adams Street.

Die Straße verläuft zunächst durch nicht besonders attraktive Vorstädte Chicagos. Richtig schön wird die Strecke ab Joliet. Viele Abschnitte sind sogar vierspurig. Die *Route 66 Association* hat die Strecke recht gut ausgeschildert, daher ist die Fahrt durch diesen Staat angenehm. Durch Illinois führt die Straße hauptsächlich in südlicher Richtung nach St. Louis, Missouri.

Es geht los! Mehr als 2.000 Meilen ursprüngliches Amerika warten auf Sie!

0 Ecke Michigan/Adams Street: Sie überqueren den Chicago River und fahren ca. 2 Meilen auf der Adams Street in westlicher Richtung.

2 Biegen Sie halb links auf die Ogden Road ein. An einigen Stellen sehen Sie braune "Historic-66"-Schilder, aber selten vor einer Kreuzung.

Beginn der Route 66

Die Fahrt führt durch Gewerbegebiete und Vorstädte, die zunehmend schmuddeliger werden. Der Gegensatz zu der gediegenen Pracht der Einkaufsstraßen in der City könnte nicht größer sein. Besondere Attraktionen haben wir hier nicht gefunden, wir waren im Gegenteil froh, als wir diese Strecke hinter uns gebracht und Chicago verlassen hatten.

☹ Es könnte sein, dass Ihnen die angegebene Wegbeschreibung nicht viel nützt, denn es gibt manchmal riesige Baustellen und somit Umleitungen (*Detour*). Sie sollten sich auf jeden Fall vor Ort einen Stadtplan besorgt haben, um wieder auf die richtige Straße zu gelangen.

10 Die Harlem Avenue kreuzt, fahren Sie links ab.
Nach wenigen 100 m stellt sich die Frage: Brauchen Sie was von Aldi? Sie haben richtig gelesen - hier haben Sie tatsächlich die Gelegenheit! Der Markt liegt etwas versteckt nach hinten. Ein paar 100 m danach biegen Sie rechts in die Joliet Road ab, der Sie immer weiter folgen. Die Marktleiterin erzählte mir, dass sie schon seit 15 Jahren bei Aldi arbeitet und sich die Kette langsam von Osten aus über die gesamte USA ausbreiten wird.
Ein paar Meilen weiter liegt auf der linken Straßenseite unübersehbar ein großes Einkaufszentrum (gegenüber auf der rechten Straßenseite noch ein Aldi), u.a. mit einem Walmart. Eine Riesenauswahl an Lebensmitteln und sonstigem Reisebedarf wird im Walmart angeboten, u.a. das selten zu findende Wasser mit Kohlensäure (*Sodawater*), etwas versteckt neben einem kleinen Regal mit Bier und Wein zu überaus günstigen Preisen.

19 Jetzt müssen Sie auf die Interstate I 55, die an dieser Stelle genau auf der alten Route 66 gebaut wurde. Am Exit 268 verlassen Sie die I 55, halten sich auf der zweispurigen Ausfahrt links und kommen so bei Meile ...

26 ... auf die South Joliet Road. Die Straße führt durch **Romeoville**, eine hübsche Kleinstadt.

37 **Joliet**. Ortsanfang.

39 Vor der Kirche fahren Sie links auf die Ruby Street, über eine Brücke und an einer T-Kreuzung rechts auf die Ohio Street und vor der Klappbrücke über den breiten Des Plaines River links auf die Ottawa Street.

⌘ Schilder weisen auf ein Historisches Museum hin, das auch zur 66 ausstellt (der Parkplatz ist rechts und das Museum weiter auf der linken Straßenseite). Neben ein paar Ausstellungsstücken zur 66 ist ganz besonders der Shop mit einem reichen Angebot an Souvenirs und Büchern sowie Bildbänden zur 66 erwähnenswert. Hier ist auch ein Prospekt namens "Joliet Klicks on 66" erhältlich, der zu Sehenswertem entlang einem Spaziergang in die Vergangenheit führt: beispielsweise zu mehreren Benzinpumpenrepliken und zum Rialto Square Theatre.

⌘ Joliet Historical Museum, 204 N. Ottawa Street, 💻 www.jolietmuseum.org
Di bis Sa 🕒 10:00-17:00, So 12:00-17:00, Eintritt $ 5, Studenten/Rentner $ 4

Hier in Joliet, an der Kreuzung der Chicago und Cass Street (also auf der Rückseite des heutigen Museums), kreuzte sich bis 1930 die Route 66 mit dem 1913 eröffneten Lincoln Highway. Dieser heute fast vergessene Highway führte über 3.390 Meilen von New York nach San Francisco, erlangte aber nie den Mythos der Route 66.
💻 www.lincolnhighwayassoc.org/

41 Ab Ortsausgang weiter auf der SR 53.
Joliet ist umgeben von Eisenbahnlinien. Ab hier verlässt Sie die Railroad nur selten. Bis kurz vor Los Angeles haben Sie bis auf kurze Stücke ständig die Eisenbahnstrecke in Sichtweite - und auch in Hörweite; das typische Tuten der Amtraks und Freight Trains vor jedem Bahnübergang und jedem Bahnhof wird zu einem ständigen Begleiter Ihrer Fahrt.

49 **Elwood.** Hinter dem Ort liegt rechts etwas abseits der Abraham Lincoln Cemetry. Lincoln führte bereits 1862 Nationale Friedhöfe ein, um gediente Soldaten, die Gefallenen der Kriege und ihre nächsten Angehörigen würdig unter die Erde zu bringen und ihnen die letzte Ehre zu erweisen.

56 **Wilmington**: Der Imbiss *"Launching Pad"* am Ortseingang mit der überlebensgroßen Raumfahrerfigur ist ein beliebter Imbiss-Stopp nicht nur für Biker.

Sie fahren weiter durch Braidwood und Braceville.

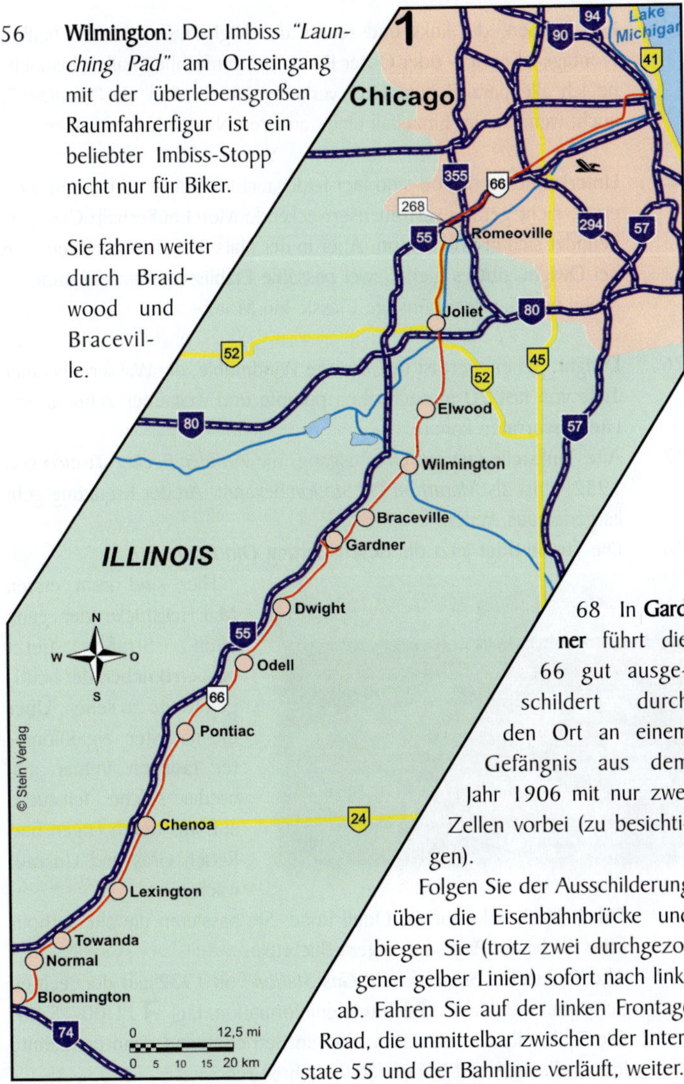

68 In **Gardner** führt die 66 gut ausgeschildert durch den Ort an einem Gefängnis aus dem Jahr 1906 mit nur zwei Zellen vorbei (zu besichtigen).

Folgen Sie der Ausschilderung über die Eisenbahnbrücke und biegen Sie (trotz zwei durchgezogener gelber Linien) sofort nach links ab. Fahren Sie auf der linken Frontage Road, die unmittelbar zwischen der Interstate 55 und der Bahnlinie verläuft, weiter.

Die Straßen, die links und rechts der Highways verlaufen, heißen Frontage-, Service- oder Outer Road. Der Einfachheit halber bezeichne ich alle parallel zum Hwy verlaufenden Straßen als "Frontage", auch, wenn sie im Einzelfall einen anderen Namen haben sollten.

Unterkünfte an der 66 sind hier leider nicht reichlich vorhanden. Das erste, nicht gerade vertrauenserweckende Motel außerhalb Chicagos befindet sich in **Wilmington**. Aber in der Nähe der Interstatekreuzung bei Dwight gibt es gleich zwei passable Etablissements: ein Super 8 Motel und das preisgünstige Classic Inn Motel.

76 **Dwight**. Sehenswert ist u.a. die alte Windmühle, die Wasser aus einer Tiefe von fast 20 m nach oben pumpte und weit über zehntausend Liter bevorraten konnte.

77 Alte Tankstelle fast am Ortsausgang, die *Ambler Becker Texaco* von 1932, einst als *Marathon Oil Station* bekannt. An der Kreuzung geht es geradeaus weiter.

78 Die Straße trägt jetzt die Beschilderung *Old Route 66*.

Hier sind zum ersten Mal Teilstücke der ganz alten Straße (jetzt gesperrt) neben der heutigen Route zu sehen. Über die nächsten zig Kilometer tauchen immer mal wieder solche Teilstücke auf, aus deren Fugen und Rissen Gras und Unkraut wächst.

83 **Odell**. Nach links auf die Odell Road. Sie passieren die alte katholische Kirche St. Paul's aus rotem Backstein.

85 Alte Tankstelle, *Standard Oil Gas Station* von 1932 auf der rechten Seite mit einer kleinen Touristeninformation, tägl. 11:00-15:00. Die Tankstelle war bis 1975 noch in Betrieb, stand dann Jahrzehnte leer und wurde erst in den letzten Jahren renoviert.

86 Die Straße heißt wieder *Old Route 66.*

95 Das historische *Log Cabin Inn* vor **Pontiac** ist nur noch in Ansätzen erkennbar. Hier links in die Pontiac Road abbiegen. Wie auch später in anderen Städten gibt es eine Routenteilung der Streckenführung - hier von 1926-1930 und 1930-1939.

Pontiac. Weiter im Städtchen kreuzen Sie die Howard Street. Sie fahren links ab und erreichen das Rathaus mit der ehemaligen Feuerwehrstation auf der rechten Straßenseite, der Parkplatz ist gegenüber.

⌘ Im rechten Teil des Gebäudes gelangen Sie durch einen Seiteneingang in ein liebevoll gestaltetes, umfassendes Museum über die Route 66. Es werden über tausend Artefakte ausgestellt, die im letzten Jahrhundert gesammelt wurden. Eine Augenweide sind die großformatigen Fotos in den beiden oberen Stockwerken. Auf der Rückseite des Gebäudes ist über die gesamte Höhe ein riesiges Route-66-Zeichen gemalt. Fahren Sie mit Ihrem Auto davor und Klick per Selbstauslöser haben Sie ein tolles Souvenir.

♦ Route 66 Association
Hall of Fame and Museum, 110 W. Howard Street,
💻 www.il66assoc.org, 🚪 Mo bis Fr 9:00-17:00, Sa und So 10:00-16:00

114 **Lexington.** Hier hat man die Hälfte der alten Straße gepflegt und einen Walkway, auch für Radler, über mehrere Kilometer angelegt.

126 **Normal-Bloomington**. Hier wird es sehr kompliziert durch drei verschieden Streckenführungen, nämlich 1926-1930 mitten durch die City, dann 1930-1940 ähnlich als Variante und schließlich 1940-

1977 im östlichen Bereich. Ich empfehle Ihnen daher, die Stadt auf der I 55 zu umfahren (hinter Towanda Exit 167 rauf und bei Funks Grove/Shirley Exit 157 wieder runter. Das erspart eine Menge Frust und Zeit!

Wenn Sie es trotzdem versuchen wollen: Am Wasserturm links in die Henry Street einbiegen. Dann links in die Linden Street (durch ein Viertel mit Baum-Straßennamen), dann links in die Main Street (SR 51, den Schildern bis Business Loop folgen). Business Loop 55, rechts. Dann Cabintown Road rechts, über die Brücke und sofort wieder links in die Beich Road; die Straße verläuft jetzt rechts vom Highway.

142 **Funks Grove**. Eine kleine Straße führt rechts an zwei alten Silos vorbei in den Ort hinein.

143 Ahornsirupliebhaber können bei einer kleinen Farm (Einfahrt linke Straßenseite) hausgemachten Ahornsirup *(Maple Sirup)* kaufen. Funks Grove ist eine winzige Ansiedlung in einem Ahornwald. Seit der Gründung durch Isaac Funk 1825 hatte die Siedlung nie mehr als 50 Einwohner. Die Familie Funk stellt in dieser Gegend seit Generationen Ahornsirup her.

147 **McLean**. Das *Dixie Trucker Home* existiert seit 1928. In den 30er Jahren gab es dort Wochenendparties und Live-Entertainment. Heute gibt's ein Restaurant mit gutem und reichhaltigem Essen, den unvermeidlichen Gift Shop und die "Hall of Fame" - in einem Durchgang ansehen! Viele Motel- und Restaurantbesitzer, die sich um die Erhaltung der alten Straße bemühen, werden dort gewürdigt. Wenn Sie in Pontiac im Museum waren, sparen Sie sich die Visite.

147 So kommen Sie wieder auf die Route 66: Ausfahrt links, vor der Eisenbahn links, dann wieder auf die rechte Frontage Road.

151 **Atlanta**. Einfahrt rechts in den Ort.

159 Am Exit 133 geadeaus unter der I 55 durchfahren.

163 **Lincoln**. Business Loop 55 (Lincoln-Parkway).

167 Frontage Road links abbiegen.

171 **Broadwell**

173 "Pig-hip-Restaurant" (seit Jahren geschlossen). Das Museum brannte 2007 ab und das Restaurant ist fast eine Ruine.

Der inzwischen über 90 Jahre alte Ernie Edwards lud uns damals ein, seine Sammlung an Fotos und anderen Erinnerungsstücken anzusehen. Als Zugabe gab es noch etliche Geschichten, wie z.B. die von dem Texaner, der ihm 1946 ein Sandwich an den Kopf warf, weil er einen schwarzen Soldaten bedient hatte. Daraufhin hatte Ernie ein Schild in den Laden gehängt, dass bei ihm jeder ohne Ansehen der Person bedient wird. Damals war das in der Gegend noch nicht selbstverständlich. Auch heute spürt man noch den alltäglichen Rassismus, bedauerte er. 1991 musste er das Restaurant nach 54 Jahren schließen. Aber immer noch fühlt er sich der Straße verbunden. Besonders angetan hatten es ihm die Teilnehmer einer Trabbi-Rallye.

181 **Williamsville**. Für ein paar Meilen auf die I 55 (abbiegen an der Casey-Tankstelle).

186 **Sherman**. Exit 105, Ausfahrt rechts.

191 **Springfield**. Wie auch in Normal-Bloomington gibt es verschiedene Strecken 1926-1930, 1930-1940 und 1940-1977. Wenn Sie mit Abraham Lincolns Haus, in dem er von 1841 bis zu seinem Einzug ins Weiße Haus 1861 lebte (8th Street Ecke Jackson Street) und seiner Grabstätte nichts am Hut haben, empfehle ich auch in diesem Fall, die Stadt auf der I 55 zu umfahren. Am Ortsausgang der beiden 1930-1977-Routen müssen Sie sowieso für ein paar Meilen auf die I 55. Wenn Sie durch die Stadt wollen, fahren Sie links auf die Peoria Road/Business Loop 55. Hier passieren Sie *Shea's Petroliana Museum*, das vor allem zu den verschiedenen Benzinfirmen der vergangenen Jahrzehnte ausstellt. Leider ist das Gelände mit einem hohen Maschendrahtzaun umgeben, so dass Fotografieren außerhalb der Museumszeiten schwierig ist.

☺ Beachten Sie bitte die nebenstehende Alternative zum folgenden Streckenverlauf.

Springfield war lange Jahre der Wohnort von *Abraham Lincoln*, bevor er 1861 als 16. Präsident der USA ins Weiße Haus zog. Er trat für die Abschaffung der Sklaverei ein und wollte die Abspaltung der Südstaaten (South Carolina, Mississippi, Florida, Louisiana, Alabama und Georgia) von der Union verhindern. Der Bürgerkrieg zwischen Nord und Süd war die Folge. Nach seiner Wiederwahl für eine zweite Amtszeit wurde er Karfreitag 1865 bei einem Theaterbesuch von einem Fanatiker erschossen. Im April 1865 ergaben sich die Konföderierten in South Carolina.

198 Hinter der Stadt müssen Sie wieder auf die I 55.
202 Bei Exit 88 auf rechte Frontage.
207 **Glenarm**
209 Wieder auf I 55, bei Exit 83.
211 **Divernon**. Bei Exit 80 wieder auf rechte Frontage.
220 **Farmersville**
224 **Waggoner**
235 Bei Exit 63 die I 55 überqueren und auf die linke Frontage.
240 **Litchfield**. Hier besuchten wir ein weiteres Route-66-Original, das *Ariston Cafe*. Wir erwarteten einen typischen amerikanischen Diner, wurden aber angenehm überrascht. Das Ariston ist ein gepflegtes Speiselokal mit weißen Tischdecken, Stoffservietten, geschmackvoller Dekoration mit griechischen Einflüssen und das Essen ist ausgezeichnet.
248 **Mt. Olive**. Sehenswerte und restaurierte *Soulsby Shell Station*. Die Tankstelle war von 1926 bis 1993 in Betrieb. Fahren Sie wieder auf die rechte Frontage Road.
252 **Staunton**. Direkt an der Frontage hat ein Autohändler Hunderte von Oldtimern zum Verkauf ausgestellt und nennt sich *Russ Noel's Country Classic Cars*.
💻 www.countryclassiccars.com

262 **Hamel**, auf der SR 157 weiter.

Alternative zum Routenteil Meile 191 bis 262

Diese Route ist zwar etwas länger und zeitaufwändiger zu fahren als die oben beschriebene Strecke, dafür ist sie aber noch älter und authentischer und war 1926-1930 in Gebrauch.

Fahren Sie von der Peoria Road rechts ab auf die Taintor Road und dann weiter auf der 2nd Street, bis Sie auf die Grand Avenue stoßen, auf die Sie rechts abbiegen. Dann links auf den Mac Arthur Blvd und rechts auf die Wabash Avenue. Dann auf der Chatham Road weiter, bis Sie auf die SR 4 gelangen.

Kurz vor **Auburn** biegt rechts ein altes Straßenstück der Route 66 ab, das eine gute Meile lang mit Ziegelsteinen (!) gepflastert ist. Um den

Erhalt dieses außergewöhnlichen Straßenstücks wurde jahrelang erbittert gekämpft und heute ist es denkmalgeschützt als *Red Brick Road*. Ein wirklich ungewöhnliches Straßenstück! Im weiteren Routenverlauf, besonders zwischen den Orten **Virden**, **Girard** und **Nilwood**, führt die Route 66 durch scheinbar endlose Maisfelder und macht auch entsprechende rechtwinklige Kurven um einige Flurstücke. Sie ist hier noch in ihrem alten und engen Zustand mit dem Originalbelag erhalten: Zwischen den Stößen und Ritzen sprießt das Gras und es gibt auch einige unschöne Schlaglöcher (📷 Seite 12)!
Bei **Hamel** vereinigen sich die beiden Stränge wieder für kurze Zeit, um sich wenig später für St. Louis wieder zu teilen.

276 Hinter **Edwardsville** (vor der Kreuzung mit der I 270) Chain of Rocks Road geradeaus in westliche Richtung fahren.

281 **Mitchell**. Am Ortsausgang rechts befindet sich das *Luna Café*, das aus dem Jahr 1926 stammt und seitdem auch betrieben wird. Es wirkt ein wenig heruntergekommen und ist heute mehr eine gemütliche Kneipe mit Unmengen von Route-66-Trödel an Decken und Wänden. Schon vormittags sitzen hier einige Unentwegte beiderlei Geschlechts und trinken sich den Tag schön. Gerüchte besagen, dass es einst sogar ein Bordell war und Al Capone sich hier rumgetrieben haben soll.

An dieser Stelle gab's zwei große Umleitungen. Meilenangaben können dadurch verfälscht sein!

289 Auf der Chain of Rocks Road bleiben. Sie erreichen eine Straße mit einer Art Durchfahrtstor mit der Aufschrift *Chouteau Island*. Dahinter befindet sich eine Ampel, die die Durchfahrt über eine Einbahnbrücke regelt. Bei Grün fahren Sie zunächst über einen Mississippi-Kanal und dann ein paar Meilen über Land.

291 Zum Schluss passieren Sie ein Tor und dann warnen zwei "No-Entry-Schilder" vor der Weiterfahrt, obwohl sich hier ein riesiger asphaltierter **P** Parkplatz anschließt, sogar mit WC, Abfallcontainer und einem Picknicktisch.

Hier beginnt die **Chain of Rocks Bridge** (📷 Seite 40), die Teil der ältesten Streckenführung der Route 66 war. Die etwa 1 Meile lange Brücke überquert den Mississippi, der hier die Grenze zwischen den Staaten Illinois und Missouri bildet. Die bemerkenswerte Stahlkonstruktion wurde im Jahr 1927 mit einem Knick von 22 Grad fast in der Mitte des Flusses von Privat gebaut und war deshalb eine Mautbrücke. Die in die Jahre gekommene Brücke wurde zwar renoviert, darf aber heute aus Sicherheitsgründen nur zu Fuß oder per Rad überquert werden. Sie kann sich rühmen, eine der längsten Fußgänger- und Radlerbrücken der Welt zu sein.

Unterhalb der Brücke gibt es einen Aussichtspunkt mit P Parkplatz, der gern von Anglern genutzt wird. Um dorthin zu gelangen, fahren Sie zurück durch das Tor und biegen rechts in eine Schotterstrecke ab. Anschließend fahren Sie auf gleichem Weg zurück und dann auf die I 270 West.

298 Erste Ausfahrt hinter der Mississippibrücke in Missouri abbiegen. Schild: Welcome Center.

Route durch Missouri 321 Mi

- Missouri Tourist Info Center, I 270 N., St. Louis, www.visitmo.com/,
- Missouri Tourist Info Center, I 44, Joplin

Der dünn besiedelte Staat Missouri ist landschaftlich geprägt durch die beiden großen Flüsse Mississippi und Missouri, den großen Lake of the Ozarks und die Ozark Mountains. Bedeutung erhielt Missouri bei der Erforschung und Besiedlung des amerikanischen Westens. Kulturelle Angebote findet man hauptsächlich in St. Louis und Kansas City.

In **St. Louis**, seit Mitte des 18. Jahrhunderts ein wichtiger Handelsposten, weist der *Gateway Arch* auf die Bedeutung der Stadt als Tor zum Westen hin.

Ein Höhepunkt bei einem Besuch der Stadt ist die Fahrt mit einem der historischen Schaufelraddampfer auf dem mächtigen Mississippi. Wenn Sie viel Zeit haben, sollten Sie den Besuch dieser Sehenswürdigkeiten in Betracht ziehen: der *Union Station* mit sehenswerter Architektur (wurde 1894 eröffnet und war damals der größte und verkehrsreichste Bahnhof der Welt) oder der *Cathedral Basilica*, die von Papst Johannes IV. die "außergewöhnlichste Kathedrale Amerikas" genannt wurde (sie hat über 800 m² Mosaiken, die von über 20 Künstlern gestaltet wurden).

Die Fahrt durch die Dörfer und Kleinstädte Missouris führt durch eine reizvolle, hügelige Landschaft. Die alte Route 66 passt sich der Landschaftsform an. Viele mehr oder weniger sanfte Kurven führen entlang der Felder, Wälder und Weingüter und über die Hügel.

Eine der Attraktionen Missouris sind die vielen Höhlen. Die bekanntesten sind die *Fantastic Caverns* bei Springfield und die *Meramec Caverns* bei Stanton, wo der Legende nach schon der berüchtigte *Outlaw* Jesse James Unterschlupf gefunden haben soll. Auf die *Meramec Caverns* wird schon in Illinois auf großen Reklametafeln hingewiesen. Sie waren seit den frühen Jahren der Route 66 eine Attraktion für Reisende.

298 Erste Ausfahrt auf der I 270 hinter der Brücke abfahren - achten Sie auf die Hinweisschilder zum Welcome Center (hier gibt's wieder Karten und einen Plan von St. Louis).

Anschließend fahren Sie unterhalb am Fluss auf dem Riverview Drive immer geradeaus weiter über den Broadway bis zur Innenstadt. Parkmöglichkeiten finden Sie in der Nähe des Casinos und beim Gateway Arch.

Sie sollten sehr früh am Vormittag am **Gateway Arch** sein, denn die Fahrt mit dem Aufzug hinauf ist beliebt und es bilden sich schnell lange Warteschlangen. Rechnen Sie mit $ 10 pro Nase Eintritt und mit mindestens einer Stunde Wartezeit inkl. Sicherheitskontrollen. Der 192 m hohe Bogen wurde 1967 vom damaligen Präsidenten Lyndon B. Johnson eröffnet und soll die Öffnung in den damals unbekannten Westen des Kontinents symbolisieren. Falls Sie nur den Arch besichtigen und sich nicht länger in St. Louis aufhalten möchten, parken Sie am besten in der Nähe des Arches. Dies hat den Vorteil, dass Sie anschließend leicht wieder aus der Stadt herausfinden. Für eine intensivere Beschäftigung mit der Stadt empfiehlt sich allerdings eine Übernachtung.

Neben einer Brücke am Fluss ist ein Denkmal an die Expedition von **Lewis and Clark** zu sehen, die durch die Erforschung des damals noch unbekannten amerikanischen Westens auf ihrer Überlandexpedition (1804-1806) an die Pazifikküste berühmt wurden.

311 Zur Weiterfahrt lenken Sie Ihr Fahrzeug unbedingt schon in der Innenstadt auf die I 44!

Sie zweigen am Exit Kingsway Blvd wieder ab auf die Vandeventer und fahren dann auf dem Kingsway weiter, bis Sie auf die Chippewa Street stoßen. Hier biegen Sie rechts ein, und nachdem die Straße einen leichten Linksknick gemacht hat, achten Sie auf eine mittlere bis große Menschenansammlung auf dem linken Bürgersteig. Sie sind an **Ted Drewe's Frozen Custard** angelangt (Druhs gesprochen). Seit 1929 wird hier an der Route 66 eine besondere Eiscreme verkauft, die weit über die Stadtgrenzen bekannt geworden ist. Bei meinem letzten Besuch hielten sogar zwei Busse mit Hochzeitsgesellschaften und taten sich an dem kalten Vergnügen gütlich. Lecker: unbedingt probieren!

♦ Ted Drewe's Frozen Custard, 6726 Chippewa Steet, 🖳 www.teddrewes.com, Miniportion nur Vanille mit Schokosoße $ 1,30 und dann aufwärts mit allen möglichen Geschmacksvariationen bis über $ 6.

Anschließend fahren Sie weiter auf der Chippewa Street, die schließlich auf die I 44 führt.

335 Am Exit 266 weisen zwar Schilder auf die Route 66 hin, doch handelt es sich lediglich um den **Route 66 State Park**, der das *Bridgehead Inn*, ein altes Roadhouse aus dem Jahr 1935 (heute ℹ Visitor Center) sowie ein altes Straßenstück der Route 66 und die Brücke dazu enthält. Picknicken ist auf dem weitläufigen Gelände erlaubt, Campen nicht.

337 **Eureka**. Exit 264 abfahren; rechts und sofort links auf die rechte Frontage, vorbei an *Phil's Barbecue*, am *Six Flags Park* (einem riesigen Vergnügungspark der Six-Flags-Kette mit Achterbahnen, Spiral-Rollercoastern, Wasserpark usw.), auf die linke Frontage wechseln; die Beschilderung ist gut.

346 **Pacific**. Hier fällt besonders der ungewöhnlich geformte *Silica Mountain* ins Auge, der aus Kieselerde (Quarz) besteht, das zur Herstellung von Glas Verwendung findet und hier früher abgebaut wurde.

351 Auf rechte Frontage wechseln (I 44 überqueren), kurz danach an der Kreuzung geradeaus fahren.

356 **Union**. Kreuzung mit SR 50, geradeaus fahren.

361 Wieder auf linke Frontage Road.

362 **St. Clair**

363 Auf SR 47 South.

365 Nach rechts auf die SR 30, wieder rechts, I 44 überqueren, nach links auf Frontage (County Road WW, rechte Frontage). Merkwürdigerwei-

se tragen die kleinen lokalen County Roads hier Buchstaben wie OO, TT, AT usw.

367 Die County Road WW knickt nach rechts ab, fahren Sie geradeaus. Auf dieser Straße bleiben, wieder über die I 44 auf linke Frontage.

374 **Stanton, Meramec Caverns**. Wenn Sie bisher die Reklametafeln mit den Stalagmiten und Stalaktiten übersehen haben sollten, spätestens hier werden Sie deutlich daran erinnert. Die Meramec-Höhlen sind schon seit 1933 eine beliebte Sehenswürdigkeit an der Route 66. Hier soll der berüchtigte Bankräuber und Revolverheld Jesse James sein Unwesen getrieben haben, ein *Wax Museum* versucht, Kapital aus dem wilden Burschen zu schlagen.

♦ 💻 www.americascave.com

379 **Sullivan**

384 **Bourbon**

398 **Cuba** ist bekannt für seine inzwischen 12 Murals, riesige Wandgemälde, die über den Ort verstreut an Hauswänden prangen.

Das *Wagon Wheel Motel* ist sehenswert und weicht völlig von anderen Motels ab. Erbaut 1934, ist es auch heute noch ein äußerlich gepflegtes Haus, umgeben von Rasenflächen mit viel Blumenschmuck. Leider hat auch hier der Zahn der Zeit im Inneren arg genagt und es ist zwar alles relativ sauber, wirkt aber verwohnt und angestoßen - kostete 2008 dafür aber auch nur $ 20 pro Nacht!

411 **St. James** geradeaus auf die rechte Frontage Road.
Die Landschaft ist in dieser Gegend sehr viel hügeliger und die Straße nimmt jede Bodenwelle mit. Dafür ist sie aber natürlich auch um einiges reizvoller als die Interstate, die ständig in Sichtweite ist. Es gibt hier etliche Weingüter und an vielen Verkaufsständen am Straßenrand werden zur Erntezeit Weintrauben angeboten. Verpassen Sie nicht den *Mule Trading Post* (am Exit 189) an einem Originalstraßenstück der Route 66 (heute Dead End). Der riesige Laden ist voll mit Kuriositäten, 66-Souvenirs, Büchern und allerlei Krimskrams.

416 Fahren Sie hier auf die I 44 und dann am Exit 184 wieder ab.

421 Wechseln Sie auf die linke Frontage Road. Interessant ist hier bei **Rolla** der *Totem Pole-Trading Post* mit Tankstelle, 66-Souvenirladen und Gasthaus aus dem Jahr 1933. Ein Stück weiter liegt *Zeno's Motel and Steakhouse* von 1957. Bleiben Sie auf dieser Straße bis zum Exit 176, dort müssen Sie wieder ein kurzes Stück auf die Interstate.

425 Bei Exit 172 wieder raus, bei Exit 169 wechseln Sie auf die linke Frontage. Fahren Sie auf die County Road Z, die bald zu einer autobahnähnlichen Straße wird - ein Vorläufer der Interstate 44 -, die von 1942 bis 1981 in Betrieb war.
Nach ca. 2 Mi achten Sie auf das etwas verdeckte Schild "Elbow Inn" auf der linken Seite. Hier fahren Sie links ab, am alten Gasthaus aus

dem Jahr 1929 vorbei über eine alte Eisenbrücke über den Big Piney River von 1923. Der Name "Teufels-Ellenbogen" stammt von damaligen Flößern, die Probleme mit einer besonders scharfen Kurve im Fluss hatten. Die Fahrt über den Devil's Elbow gehört zu den reizvollsten Abschnitten der Strecke, nicht nur wegen der alten Brücke und dem vor allem bei Bikern beliebten Wirtshaus.

☹ Wenn Sie erkennen können, dass der weiße Mittelstrich nicht mit dem Verlauf der Betonplatten übereinstimmt (also am Ende der vierspurigen Straße), dann haben Sie die Abfahrt *Devil's Elbow* verpasst. Deutlich ist an dieser Stelle zu sehen, wie die alte Route-66-Trasse einfach mit den neuen Interstate-Fahrbahnen überbaut wurde.

Bleiben Sie auf der Straße, sie führt auf die County Road bei **St. Robert** zurück.

437 Kurz vor **Waynesville** wechseln Sie wieder auf die rechte Frontage. Die Straße führt als Business Loop 44 durch die Stadt.

445 Bei Exit 153 wechseln Sie wieder auf die linke Frontage und fahren auf der SR 17 weiter.

448 Ab hier auf County Road AB weiter durch **Hazelgreen** bis Exit 135.

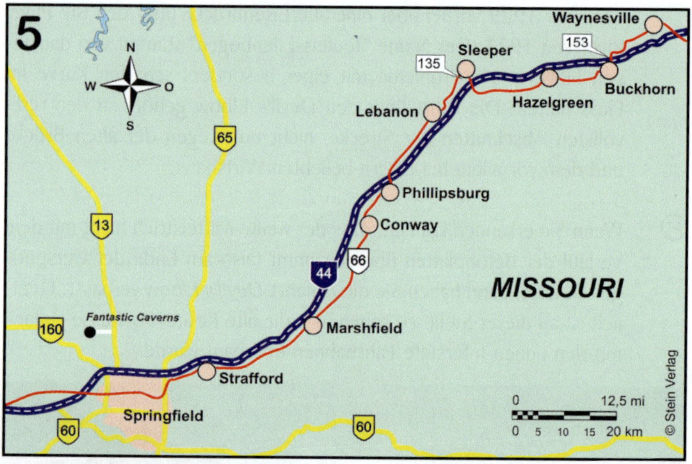

467 Sie wechseln Sie bei **Sleeper** am Exit 135 wieder auf die rechte Frontage. Bleiben Sie auf dem Business Loop 44, der von der I 44 rechts ab in die County Road W übergeht.

473 **Lebanon**. Am Ortseingang sehen Sie das beliebte und sehr gepflegt wirkende *Munger Moss Motel* aus dem Jahr 1946 an der linken Straßenseite.

487 Wechseln Sie bei **Phillipsburg** auf die linke Frontage, die Straße heißt zunächst County Road C und kurz darauf CC.

506 **Marshfield**. Die Straße führt geradeaus und heißt County Road OO.

524 **Strafford**

530 **Springfield**. In der Nähe liegen die *Fantastic Caverns*, die auf den Werbetafeln immer mit dem roten Jeep zwischen den Stalagmiten und Stalaktiten abgebildet werden.

♦ Fantastic Caverns, 4872 North Farm Road 125, 💻 www.fantasticcaverns.com

Die bisherige Straße wird in Springfield zur Kearney Street (ist gleichzeitig Business Loop 44).

532 Nach links auf Glenstone Street.

534 Der Business Loop 44 führt nach rechts, bleiben Sie geradeaus. Die Straße heißt jetzt Business Loop 65.

535 Auf die St. Louis Street nach rechts.

536 Auf der rechten Seite sehen Sie die prachtvolle alte Abu Ben Adhem Shrine Moschee.

539 Fahren Sie aus dem Zentrum heraus auf den ein paar Blocks nördlich gelegenen Chestnut Expressway, der zum Business Loop 44 wird.

In Springfield sollten Sie sich die Zeit für einen Spaziergang durch die Innenstadt gönnen. Es gibt einige architektonisch reizvolle Gebäude. In dieser Gegend beginnt der sogenannte "Tornado Belt". Erste Hinweise darauf bekamen wir im Motel, wo deutlich darauf hingewiesen wurde, was im Falle eines Tornados zu unternehmen sei, beispielsweise wurde geraten, sich in die Badewanne zu legen und den Kopf mit Kissen zu schützen.

541 Am Ortsausgang von Springfield überqueren Sie die I 44. Die Straße heißt jetzt SR 266. Sie bleiben in westlicher Richtung auf dieser Straße. Achten Sie auf die schön lang geschwungenen Bodenwellen im Asphalt.

555 **Halltown.** Auf der rechten Seite sehen Sie den *Whitehall Antik Shop*, der mit Kuriositäten vollgestopft ist. Das Gebäude wurde schon 1900 gebaut und war lange Zeit als Gemischtwarenhandlung und Pub Treffpunkt des Dorfes.

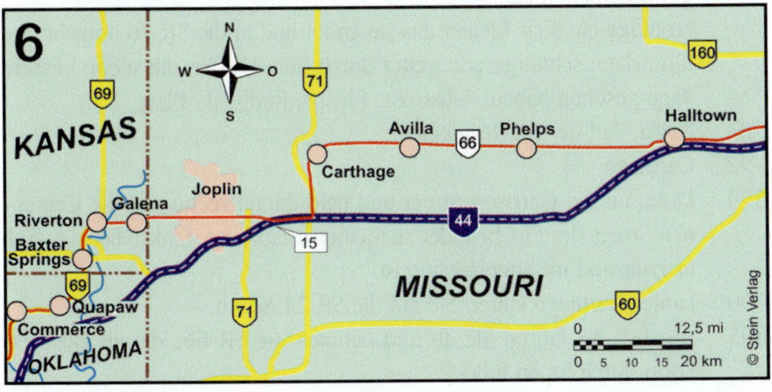

Ein Stückchen weiter die Straße hinunter steht eine wunderschön nachgebaute Sinclair-Tankstelle, mit der Gary Turner als echter Route-66-Fan sich einen Traum erfüllte. Die originale Tankstelle, *Gay Parita* genannt (nach der Frau des ersten Eigentümers), brannte 1955 ab. Seit 2006 ist die kleine Station Treff- und Informationspunkt für Route-66-Traveler.

558 **Paris Springs Junction**. Die 266 endet, links geht es zur SR 96, Sie fahren geradeaus.

559 Überqueren Sie die alte Stahlbrücke. Kurz danach fahren Sie am Stoppschild geradeaus über die SR 96 hinüber.

560 An dieser Abzweigung fahren Sie nach rechts über eine Eisenbrücke an einer alten Philips-66-Tankstelle vorbei.

561 Am Stoppschild fahren Sie wieder geradeaus über die SR 9 hinüber und begleiten sie gewissermaßen als Frontage ein paar Meilen, bis sie endet und in die SR 96 aufgeht. Sie führt dann schnurgerade weiter durch Mini-Dörfer, die schon bessere Tage gesehen haben: Albatross, Phelps, Red Oak, Plew.

583 **Avilla**. Auf der SR 96 bleiben.

592 **Carthage**

594 Links auf die Garrison Street und bald darauf rechts auf die Centennial Street. Im Ort befindet sich eine restaurierte Tankstelle, die grell in grün und rot angestrichen ist.

600 Hinter Carthage fahren Sie auf die SR 71 South.

605 Am Exit 15 fahren Sie ab und nehmen die SR 66, die als Business Loop durch **Joplin** führt.

615 Am Ortsende wird die Straße ein vierspuriger Highway.

619 Fahren Sie nach rechts, ein Schild *Old Route 66* weist den Weg. Teilweise ist hier die Route 66 noch im Originalzustand erhalten und Sie überqueren alsbald die Kansas State Line. Zum Schluss biegen Sie nach links in die Main Street von **Galena** ein.

Route durch Kansas 13 Mi

Die Route durch Kansas ist zwar nur 13 Meilen lang, aber dafür besonders eindrucksvoll. Die Einwohner sind stolz auf ihr kleines Stückchen der historischen Straße und pflegen ihr Teilstück liebevoll.

In Kansas hat man noch mehr als in den anderen Staaten das Gefühl, auf einer Zeitreise zu sein. Diese 13 Meilen ursprünglicher "Mother Road" könnte man zwar in einer Stunde durchfahren. Aber gerade dieses Stückchen Straße sollten Sie genießen, denn endlich sind Sie abseits der ansonsten allgegenwärtigen Interstates.

Sie passieren drei kleine Ansiedlungen, die den Eindruck erwecken, die Filmkulisse für einen Western zu sein. Wenn Sie in der Hauptsaison unterwegs sind, flimmern die Straßen in der Mittagshitze, die meisten Menschen haben sich in die Häuser zurückgezogen. Nur die Autos und die Auslagen in den Geschäften zeigen Hinweise auf das 20. Jahrhundert.

Obwohl heute alles sehr ruhig und friedlich wirkt, kann man sich in dieser Umgebung mühelos vorstellen, dass in dieser Gegend einmal berühmte *Outlaws* wie die Dalton-Brüder ihr Unwesen getrieben haben.

620 **Galena**. Fahren Sie an der 7th Street rechts.
Leider hat auch diese Stadt schon einmal bessere Tage gesehen und viele Läden sind geschlossen. Interessant ist die amerikanische Kleinstadt-Architektur - doch leider nicht mehr lebendig, sondern im Sterben begriffen.

Im weiteren Verlauf der Route 66 im Ort kommen Sie am *Galena Mining and Historical Museum* vorbei, das im alten MKT-Bahnhof (Missouri-Kansas-Texas-Railroad) untergebracht ist - von außen schon erkennbar an einer alten grüngelben Rangierlok und einem der ehemaligen Bremserwagen (*Caboose*), die immer am Ende eines Zuges liefen. Drinnen sind neben einer Unmenge

an alten Fotos und verschiedenen Erzen und Mineralien auch ein 1919 Model T Ford, eine Münzsortiermaschine, eine Kutsche und eine Schuhputzmaschine zu sehen. Einer der freiwilligen Museumsführer (ein 92-jähriger) erzählt, dass es einst über 200 Minen in der Umgebung gab und dass die Stadt damals fast 25.000 Einwohner hatte. Ein Schwarzweißfoto der Main Street verdeutlicht dies.

625 **Riverton**. Im Ort gibt's den *Eisler Brother's Riverton Store*, der im Jahr 1925 als Tankstelle erbaut wurde, mit einer Menge Route-66-Souvenirs. (Ein Leser warnt hier vor überhöhten Preisen.) Am Ortsausgang rechts fahren.

627 **Rainbow Curve Bridge**

Diese sogen. *Marsh Arch Bridge* ist die letzte noch erhaltene auf der Route 66. Die Beton-Bogenbrücke über den Brush Creek wurde 1923 nach Plänen des Ingenieurs James B. Marsh erbaut. Es gab seinerzeit Hunderte von Brücken dieser Art, die wenigen noch erhaltenen stehen heute unter Denkmalschutz. Von 1926 bis 1960 führte die Route 66 über die Brücke, heute ist sie nur noch als Einbahnbrücke befahrbar. Nachdem sie in den vergangenen Jahren wegen der vielen Schmierereien "Graffiti-Brücke" genannt wurde, erstrahlt sie 2008 nach einer Renovierung in leuchtendem Weiß. Auf den Asphalt wurde ein schönes Route-66-Logo gemalt.

Folgen Sie der 50th Street weiter.

630 Fahren Sie hier schräg nach links, an der Tankstelle nach rechts, Richtung Baxter Springs.

631 **Baxter Springs**.

Das Historische Museum befindet sich in einer ehem. Tankstelle, die 1933 von der *Phillips 66 Petroleum Company* erbaut wurde und bis 1960 betrieben wurde. Im Laufe der Zeit wechselte sie mehrfach den Besitzer und wird heute, liebevoll renoviert, als ℹ Touristeninformation für Route-66-Reisende genutzt.

Leider ist das berühmte *Murpheys Restaurant* einen Block weiter an der Ecke 11th Street seit 2005 geschlossen. Es befand sich in der alten Baxter National Bank, die schon 1952 aufgegeben wurde. Abgesehen davon, dass das Essen sehr gut, preiswert und reichhaltig war, hatte dieses Restaurant eine einzigartige Atmosphäre. Die Dekoration bestand aus Teilen der alten Bankeinrichtung, auf den Tischen lagen unter Glasplatten alte Schecks, z.T. noch aus den zwanziger Jahren. Die Ladies Restrooms waren ganz sicher im Tresorraum untergebracht (sogar mit Blümchentapete). Ob das Restaurant wieder eröffnet wird, ist noch unklar. Das meiste der Einrichtung war 2008 noch vorhanden.

ℹ Kanasas Route 66 Visitors Center, 940 East 10th Street, www.baxterspringsmuseum.org, kansas_66_station@yahoo.com

633 Am Ortsende fahren Sie halb rechts (am McDonald's vorbei) auf die US 69 A und befinden sich schon bald im Staat Oklahoma.

Route durch Oklahoma 389 Mi

ℹ Visitors Bureau, 189 W Sheridan, **Oklahoma City**, www.okccvb.org/

♦ Visitors Bureau, 616 S Boston, **Tulsa,** www.2chambers.com/tulsa1.htm

Bis in die 80er Jahre des 19. Jahrhunderts galt Oklahoma als nutzloses Land, gerade gut genug für die Indianer. Viele östliche Indianerstämme wurden hierhin umgesiedelt bzw. vertrieben. Aber viele weiße Siedler drängten auf neues Land, und so gab die Regierung 1889 öffentliche Ländereien zur Besiedlung frei. An einem einzigen Tag wurde das Land durch Tausende von Siedlern gestürmt, die sich alle ein besonders gutes Stück Boden sichern wollten. Der Tag ging als *Oklahoma Run* in die Geschichte ein.

Reich wurde Oklahoma vor allem durch Erdöl. Unter dem Capitol von Oklahoma City befinden sich Erdölvorkommen - so kommt es, dass im Vorgarten des Regierungssitzes ein Förderturm steht.

Ab Oklahoma erhält die Route 66 eine besondere geschichtliche Bedeutung. In den dreißiger Jahren machten sich viele verarmte Landarbeiter auf den Weg ins vermeintlich bessere Kalifornien. Sandstürme, Missernten und die Übermacht der reichen Farmer mit ihren neuen Agrartechniken ließen ihnen in ihrer alten Heimat keine Chance auf ein menschenwürdiges Leben. Die Route 66 war für sie die Straße der Hoffnung, die *Main Street of America*, die sie in ein reicheres Land führen sollte.

Um die Tragik dieser Zeit besser zu verstehen, sollten Sie vor Antritt Ihrer Reise John Steinbecks "Früchte des Zorns" gelesen haben (oder sich den Schwarzweißfilm von 1940 mit Henry Fonda ansehen). Steinbeck erzählt die Geschichte der Landflucht am Beispiel der Erlebnisse der Familie Joad, die so viel Hoffnung in die "Mother Road" setzte und in Kalifornien erkennen musste, dass alle Qualen umsonst gewesen waren.

Wie Tausende von armen "Okies" machten sich die Joads mit einem uralten, völlig überladenen Truck auf den Weg, ständig auf die Motorgeräusche lauschend und in der Hoffnung, dass die Reifen die Strapazen der Fahrt durchhalten würden.

In einem schönen neuen Auto mit Klimaanlage ist es allerdings schwierig, dies alles nachzuempfinden. Wenn Sie jedoch mit dem Motorrad, in einem alten Auto oder in einem offenen Cabrio fahren, fühlen Sie die Straße förmlich. Sie spüren die unbarmherzige Sonne, ertragen die Hitze, erleben gelegentlich kleinere Sandstürme und können sicher besser verstehen, was das besondere Flair dieser Straße ist.

638 **Quapaw**

641 Bleiben Sie auf der US 69.

644 **Commerce**

645 **Miami**

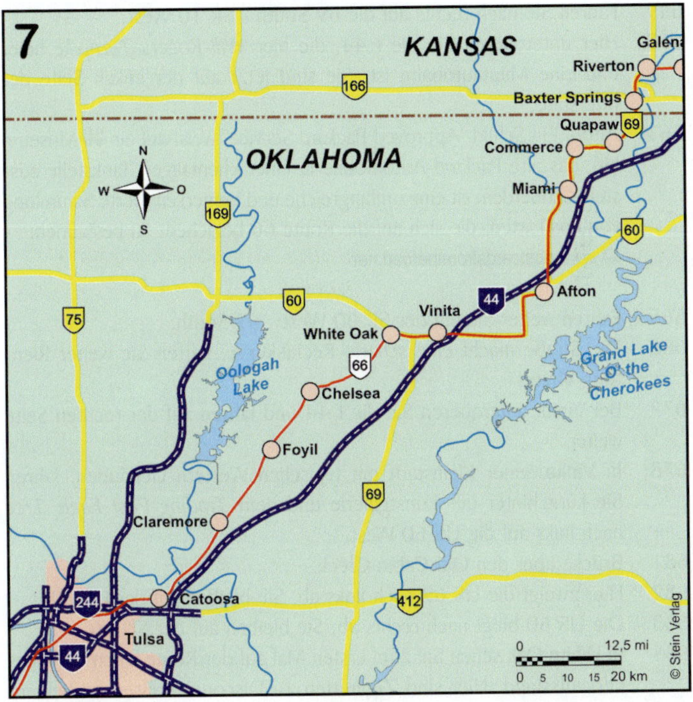

Das *Coleman Theatre* wurde als Revue- und Tanztheater (*Vaudeville*) 1929 von der Familie Coleman gebaut. Später wurde es ein Kino, in dem auch heute noch Filme gezeigt werden. Diese besondere Sehenswürdigkeit der Stadt wirkt allein schon durch das stilvolle Äußere und die Eingangshalle beeindruckend, wie das Foyer eines Opernhauses. Im Theaterraum finden über 1.500 Menschen Platz und außerdem können Besucher die Vorstellung auf drei prachtvollen Balkonen genießen. Die Deckenverzierungen sind reich mit Blattgold überzogen. 1998 wurde es u.a. wegen eines Wasserschadens renoviert. Eine kleine Route-66-Ausstellung befindet sich in der ersten Etage. Leider ist es montags geschlossen.

649 Fahren Sie nach rechts auf die 69 South - SR 10 West.

660 Hier unterqueren Sie die I 44, die hier *Will-Rogers Turnpike* heißt und eine Mautautobahn ist. Sie sind jetzt auf der linken Seite der Interstate.

663 **Afton**. Ein Schild "Approved Packard Service" weist auf ein ⌘ Museum hin, das alte Packard-Automobile in einer ehemaligen Tankstelle ausstellt. Außerdem ist eine umfangreiche und bemerkenswerte Sammlung von Postkarten, die sich auf die Route 66 beziehen, zu bestaunen.
💻 www.postcardsfromtheroad.net

665 Fahren weiter Sie auf der SR 60 West - 69 South.

668 Die Straße macht eine scharfe Rechtskurve, fahren Sie weiter Richtung Vinita.

677 Bei Vinita unterqueren Sie die I 44 und fahren auf der rechten Seite weiter.

678 In **Vinita**, einer Kleinstadt mit typischen Western-Gebäuden, fahren Sie kurz hinter der Kunstgalerie und dem *Trading Post Eagle Tree* nach links auf die US 60 West.

681 Brücke über den Old Cabin Creek.

682 Hier zweigt die US 69 nach links ab, Sie bleiben auf der US 60.

683 Die US 60 biegt nach rechts ab, Sie bleiben auf der SH 66.

685 In **White Oak** sehen Sie zum ersten Mal auf der Route einen Indianer-Verkaufsstand. Hier sind Zigaretten zu Discount-Preisen zu bekommen - falls Sie sich noch trauen, in Amerika zu rauchen.

696 **Chelsea**

705 **Foyil**. Ein Abstecher auf der 28 A zu den 4 Mi entfernten Totempfählen lohnt nicht.

714 **Claremore**

⌘ Das Städtchen Claremore ist Heimat von *Will Rogers*, einem ehemals sehr bekannten Schauspieler und Humoristen indianischer Abstammung (Cherokee). Ihm ist ein Museum gewidmet, in dem u.a. Ausschnitte aus einigen seiner 71 Filme sowie diverse Fotos und persönliche Gegenstände gezeigt werden. Die Amerikaner verehren ihn wegen seiner Schlagfertigkeit, seines Humors, seiner Weisheit und seiner philanthropischen Einstellung sowie wegen seiner trickreichen Fähigkeit, mit einem Lasso umzugehen. Ab 1922 schrieb er täglich eine Kolumne, die in weit über 200 Tageszeitungen in den ganzen USA abgedruckt wurde. Er starb 1935 im Alter von 56 Jahren bei einem Flugzeugabsturz in Alaska. Dem Namen Will Rogers werden Sie im Laufe der Reise noch häufiger begegnen.

♦ Will Rogers Memorial Museum, 1720 West Will Rogers Blvd,
💻 www.willrogers.com, Eintritt frei

⌘ Im *J.M. Davis Arms and Historical Museum* können Waffennarren voll auf ihre Kosten kommen. Über 20.000 Ausstellungsstücke sind hier zu besichtigen. Es liegt direkt an der Route 66 und da es vom Staat Kansas geführt wird, ist der Eintritt frei.

725 **Twin Bridge** (Zwillingsbrücke). Die beiden gut erhaltenen alten Stahlbrücken überqueren den Verdigris River parallel nebeneinander und sehen identisch aus. Weil eine Brücke bereits 1936 gebaut wurde und die andere 1957 hinzukam, stimmen die Maße aber nicht ganz überein.

727 **Catoosa**. Der *Blue Whale Swimming Park* war einst eine Attraktion an der Route 66 und wurde 1988 geschlossen. 1997 wurde der fast 25 m große begehbare Wal zwar renoviert, sieht aber heute schon wieder nicht mehr allzu gut aus.

729 In **Tulsa** fahren Sie sofort rechts raus und dann links unter der Brücke durch auf die 193rd Avenue. Dann biegen Sie rechts auf die 11th Street ab und folgen dieser Straße.

Besondere Sehenswürdigkeiten - außer einigen Museen - hat Tulsa nicht zu bieten. Beeindruckend ist die Vielzahl der Kirchen - bei der 35. Kirche (oder Gebetshaus) entlang der Strecke haben wir aufgehört zu zählen. Es ist zu merken, dass Sie mitten im "Bible Belt" sind. Amerikaner nennen Tulsa "Buckle of the Bible Belt" (Schnalle am Bibel-Gürtel).

734 Hier beginnt die vierspurige "Gas-Food-Lodging"-Meile.
737 Achten Sie auf das Gebäude mit den schalenförmigen Dächern - eine Bowlingbahn!
740 Auf der rechten Seite liegt das *Shelly Stadion*.
742 Nach der Peoria Avenue macht die Straße eine S-Kurve und wird zur 12th Street. Später verschwenkt die Straße nach links und am nächsten Stoppschild fahren Sie nach links auf den Southwest Boulevard über die große Brücke.
746 An der Kreuzung mit der Interstate 244 fahren Sie geradeaus.
755 Abzweigung mit SH 166, folgen Sie weiter der Ausschilderung SH 66 zum Zentrum von ...

... **Sapulpa**. Rechts folgen Sie weiter den Schildern SH 66 West.
758 Achten Sie am Ortsausgang auf ein Teilstück der ganz alten Route auf der rechten Seite mit einer alten Brücke mit roter Ziegelpflasterung, die über den Rock Creek führt. Sie war von 1924 bis 1952 in Gebrauch. Hier können Sie für drei Meilen auf der alten Route weiterfahren, die Straße führt auf die SH 66 zurück. Leider ist der Belag teilweise in grausligem Zustand.
762 Auf den kommenden Meilen sind ein paar Stücke der alten Straße zu erkennen, die teilweise auch noch befahrbar sind. Aber Vorsicht, denken Sie an die Stoßdämpfer!
771 Für ein kleines Stück befinden Sie sich wieder rechts von der I 44.
778 Sie fahren wieder links von der Interstate.
779 **Bristow**. Kleines, verschlafenes Nest im Western-Stil.

780 Die 66 West biegt nach rechts ab.

785 **Depew**

796 **Stroud**. An der Kreuzung mit der I 44 viele Übernachtungsmöglichkeiten, u.a. im Skyliner Motel aus dem Jahr 1950.

797 Das aus dem Jahr 1939 stammende, zwischendurch schon mal renovierte *Rock Cafe* ist im Mai 2008 durch einen Kurzschluss abgebrannt. Nur die aus Felsstücken gemauerten Grundmauern stehen noch. Es soll angeblich aber wieder aufgebaut werden.

806 **Davenport.** Die SH 66 führt in einer weiten Rechtskurve am Ort vorbei. An der Ecke steht eine alte, noch gut erhaltene Phillips-66-Tankstelle.

Sehenswert ist der Broadway, der geradewegs 600 m weit in den Ort geht. Das Besondere an ihm ist die Pflasterung mit Ziegelsteinen, teilweise bis zu 20 m breit. Bemerkenswert

Wandmalereien

sind auch die Murals (Wandmalereien) an zwei schräg gegenüberliegenden Hauswänden, die Motive aus der Besiedelung und der Landnahme zeigen. Hier befindet sich auch eine alte renovierte Texaco-Tankstelle von 1933.

810 **Chandler.** Gleich am Ortseingang fahren Sie direkt auf das wuchtige *Route 66 Interpretive Center* zu, das erst 2005 eröffnet wurde und u.a. sechs Videostationen hat. Das Gebäude diente der Oklahoma Nationalgarde von 1937 bis 1971 als Armory (Waffenarsenal).

♦ 400 East Highway, April bis August tägl. 10:00-17:00, $ 5,
www.route66interpretivecenter.org

812 Downtown Chandler: In der 1st Street steht das Lincoln Motel von 1939, das mit seinen Cottages immer noch einen gepflegten Eindruck macht. Ecke Manvel Avenue/7th Street steht eine Phillips-66-Tankstelle aus dem Jahr 1930, die bereits renoviert wurde. Einen Block entfernt befindet sich das Lincoln County Museum in einem alten Gebäude (ehemals ein Kaufhaus) mit schöner Backsteinfassade.

823 Die Straße unterquert wieder die I 44, Sie fahren jetzt rechts von der Interstate.

831 **Luther**

839 **Arcadia.** Unübersehbar ist die rote Rundscheune von 1898 (*Historic Old Round Barn*) mit einem Durchmesser von 18 m. Sie ist gut gepflegt und zeigt eine ⌘ Route-66-Ausstellung mit viel Krimskrams und persönlicher Note (freier Eintritt).

845 In **Edmond** fahren Sie auf die I 35 South, die im weiteren Verlauf zur I 44/35 South wird, und fahren Sie auf diesem Weg nach Oklahoma City.

853 Fahren Sie am Exit 133 auf die I 44 East.

856 **Oklahoma City.** Am Exit 128 A fahren Sie auf den Lincoln Boulevard, der direkt zum *State Capitol* führt. Suchen Sie sich hier einen Parkplatz, wenn Sie das Regierungsgebäude besichtigen möchten, das im Inneren allerdings nichts Besonderes bietet. Eine Besonderheit ist allerdings der Ölförderturm im Vorgarten.
Wenn Sie nichts nach Downtown zieht, fahren Sie weiter auf der NW 3rd Street, bis Sie zur May Avenue kommen, an der Sie nach rechts fahren. Hier arbeiten Sie eine Ampel nach der anderen ab und biegen dann links auf den NW 39th Expressway ein.

863 Sie sind wieder auf der SH 66.

870 Achten Sie am Ortsende des Vororts **Bethany** auf die alte rostbraune Brücke mit den vier Bögen über den Stausee Lake Overholser. Sie können diesen alten Teil der Route 66 weiterfahren, er mündet kurz darauf wieder in den SH 66 ein.

873 **Yukon**

885 **El Reno**, etwas weiter der Wasserturm.

888 Fahren Sie links in den Sunset Drive (Business Loop 40) und folgen Sie ihm.

893 An der Abfahrt "Fort Reno" biegen Sie rechts ab und fahren geradeaus weiter. Direkt an dieser Abzweigung geht rechts eine Straße zum alten Fort Reno ab, in dem heute alte Mannschafts- und Offiziersunterkünfte sowie ein Exerzierplatz von 1887 zu sehen sind.

897 Am Stoppschild geradeaus. Vor dem Schild ist deutlich der ehemalige Straßenverlauf (bis 1933) nach **Calumet** an der Rille im Beton erkennbar.

908 An der Abzweigung (Cherokee/Shell-Tankstelle) biegen Sie rechts auf die US 281 West ab.

915 Die interessante Stahlbrücke aus dem Jahr 1933 mit 38 Bögen führt über den South Canadian River und ist über 1 Kilometer lang. Meistens ist das sandige Flussbett trocken und führt nur nach besonders heftigen Unwettern Wasser.

916 An der Gabelung geht es geradeaus auf der Old Road 66.
Die folgende Strecke ist besonders schön zu befahren, obwohl die Straßendecke, vor allem an Brücken und in den Senken, sehr schlecht ist. Es ist ein besonders einsamer Abschnitt, in dem vor allem bei Country- und Westernmusik aus dem Radio das Route-66-Feeling aufkommt.

928 Ab jetzt haben Sie die I 40 wieder in Sichtweite.

930 Sie passieren bei **Hydro** *Lucille's*, eine ehemalige Conoco-Tankstelle, die inzwischen renoviert wurde.

933 Am Stoppschild des Exits geradeaus. Hier steht auch das neue und größere *Lucille Roadhouse*.

934 In **Weatherford** führt die Straße als Business Loop auf die Main Street. Sie fahren an der 7th Street links ab, biegen dann am Police Department ab (sieht aus wie ein Parkplatz) und fahren bis zur 4th Street. Sie sind jetzt auf der rechten Frontage Road. Später passieren Sie das Kino "Showest 3", das einst ein Drive-In-Kino mit zwei (!) riesigen Leinwänden war. Inzwischen ist alles meterhoch mit Unkraut zugewuchert.

944 Sie überqueren die I 40 und fahren nach rechts auf die linke Frontage Road.

946 Sie wechseln wieder auf die rechte Frontage Road.

949 An der Kreuzung fahren Sie geradeaus, die Straße wird vierspurig.

951 **Clinton.** Am Ortseingang sehen Sie das *Glancy Motel*, dessen Restaurant inzwischen abgebrannt ist.

952 Nach links auf die 10th Street.

Wenn Sie das ⌘ Route-66-Museum (gut ausgeschildert) sehen wollen - und das sollten Sie unbedingt tun - dann biegen Sie hier nicht ab, sondern fahren eine Meile geradeaus weiter. Das Museum liegt rechts an der Straße und ist nicht zu übersehen. Jeder der professionell und doch liebevoll gestalteten

Ausstellungsräume hat ein besonderes Thema, das durch Musik und Audio untermalt wird. Besonders der Film "Route 66 Odyssey" verdient besondere Beachtung (als DVD im Shop käuflich für $ 30 zu erwerben). Draußen ist der Valentine Diner zu bewundern, der wunderbar restauriert wurde.

♦ Route 66 Museum, 2229 West Gary Blvd., 💻 www.route66.org, Eintritt $ 3, Senioren $ 2,50, Schüler bis 18 $ 1

Nach der Besichtigung fahren Sie am besten wieder zurück zur 10th Street und biegen jetzt rechts ab.

954 Unterqueren Sie die I 40 und fahren Sie auf den Neptune Drive.

955 An der Gabelung mit dem weiß-blauen Haus mit riesigem "The Y on 66"-Zeichen (ehemals eine Tankstelle mit Werkstatt und Café) biegen Sie rechts im Bogen ab.

963 Wieder auf die rechte Frontage Road am Exit 53. **Foss**.

967 Am Stoppschild geradeaus.

970 Hinter dem KOA-Campground fahren Sie am Stoppschild links. Sie überqueren wieder einmal die I 40 und fahren auf die linke Frontage Road. **Canute**.

972 Zur Abwechslung wieder über die I 40 auf die rechte Frontage.

974 Sie können diese Straße bis Elk City weiterfahren. Passen Sie aber auf, dass Sie, wenn die Autobahnbrücken in Sicht kommen, rechts in eine unscheinbare Frontage abbiegen. Ansonsten landen Sie zwangsläufig auf der I 40. Keinesfalls wenden oder rückwärts fahren!

980 **Elk City**. Sie fahren geradeaus auf den Business Loop 40, passieren das Motel 6 und sind wieder zur Route 66 unterwegs.

⌘ Sie kommen am *Museum Complex* vorbei, das aus den vier Museen Route 66, National Transportation, Old Town sowie Farm and Ranch besteht. In der Abteilung für die Route 66 verdienen vor allem die verschiedenen alten Autos (u.a. ein Ford Tin Lizzy) und Motorräder in exzellentem Zustand (u.a. eine Harley und eine Indian) mit dem entsprechend der Zeit gestalteten Hintergründen Lob in der Gestaltung. Im Außenbereich ist eine Philipps-66-Tankstelle als Nachbau zu sehen.

♦ National Route 66 Complex, 2717 W. Highway 66, 💻 www.elkcity.com, Eintritt $ 5, Schüler und Senioren $ 4

984 Ortsausgang, vierspurige Straße.

989 Auf die rechte Frontage.

994 Auf linke Frontage wechseln.

995 Zurück zur rechten Frontage, am *Truck Stop* links fahren.

997 Am *Western Tech Center* rechts abfahren.

998 **Sayre**. Fahren Sie an der Kreuzung mit der 283 links und folgen Sie dem Business Loop.

1000 Sie überqueren die Main Street, einen der Drehorte der Verfilmung von John Steinbecks "Früchte des Zorns". Links am Ende liegt das pompöse *Beckham County Courthouse*, das im Film für Sekunden als Capitol von Oklahoma City fungierte.

1001 Vor der Interstate-Auffahrt fahren Sie rechts (Richtung Amarillo) auf die rechte Frontage Road. Hier sind rechts mehrfach lange Teilstücke der originalen Route 66 zu sehen.

1011 Die Straße wird vierspurig und heißt wieder Business Loop.

1015 **Erick**. In einem äußerlich unscheinbaren Laden, der auch noch in einem alten Backsteingebäude mit der Aufschrift "City Meat Market" untergebracht ist, befindet sich ein Route-66-Museum mit Kuriositäten. Eigentlich fällt er mehr auf durch einen völlig verrosteten Oldtimer mit *Stars and Stripes*.

1017 Folgen Sie dem Hinweisschild "Texola" geradeaus. Kurz danach führt der Business Loop nach rechts, bleiben Sie geradeaus.

1022 **Texola**. Fahren Sie geradeaus weiter. Kurz darauf sind Sie in Texas.

Route durch Texas 195 Mi

Travel Information Center, I 40 East, ☎ 806-335-1441

Die nächsten 190 Meilen führen durch den Panhandle von Texas - der Name "Pfannenstiel" wird bei einem Blick auf die Landkarte verständlich. Obwohl die Grenze zwischen Oklahoma und Texas nicht durch geografische Gegebenheiten bestimmt wird, merkt man sofort, dass man sich in einem anderen Staat befindet. Schon nach wenigen Meilen fällt der krasse Gegensatz zwischen den Landschaftsformen und -farben auf. Die angenehme, leicht hügelige, rot-grüne Landschaft Oklahomas weicht hier einer weiten grauen Ebene, den Great Plains.

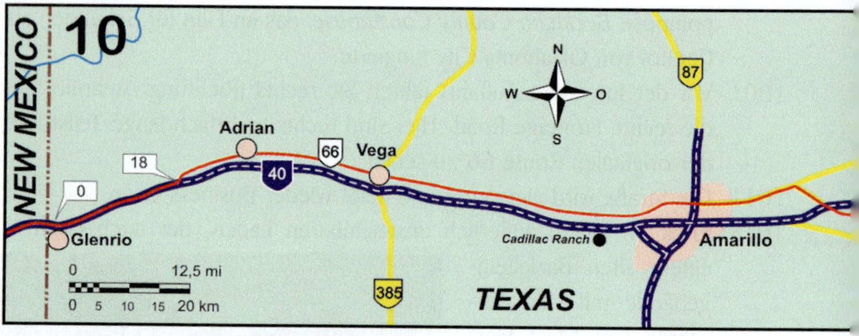

☺ Auch in Texas kann man weitgehend der Interstate ausweichen. Lassen Sie sich nicht von "Insidern" verwirren, die das Gegenteil suggerieren und empfehlen, einige Strecken über die I 40 abzukürzen. Lassen Sie sich Zeit, gehen Sie in den kleinen Orten spazieren, die teilweise wie Geisterstädte wirken - und wenn Sie genug Einsamkeit getankt haben, machen Sie einen Bummel durch Amarillo. Obwohl dieser Teil von Texas nicht mit Naturschönheiten wie beispielsweise später Arizona aufwarten kann, sollten Sie die Fahrt auf keinen Fall abkürzen, sondern dieses weite Land genießen.

1036 **Shamrock**. Fahren Sie an der Kreuzung geradeaus in die Stadt und folgen Sie dem Business Loop, an dem viele alte Motels liegen.
An der rechten Straßenseite befindet sich an der Kreuzung Del Rio Canadian Road mit der Route 66 das "U-Drop Inn Cafe" mit einer

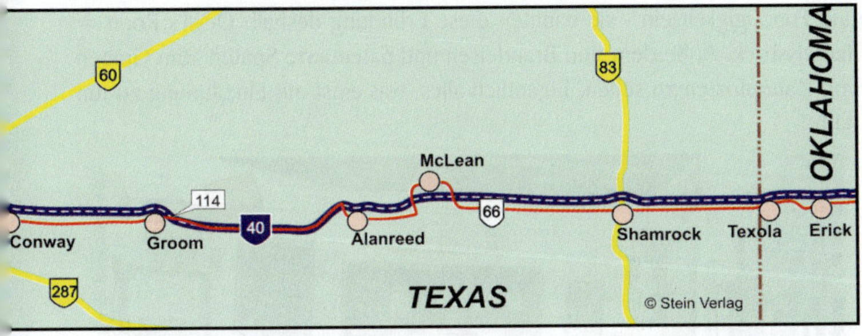

ehemaligen *Conoco* -Tankstelle direkt an der Ecke. Dieses Gebäude mit dem kleinen Restaurant mit seiner schönen und interessanten Art-Deco-Architektur wurde Mitte der 30er Jahre erbaut und ist seitdem ein beliebter Stopp von Route-66-Fahrern! Übrigens bekam der Namensgeber, ein Schuljunge, die ausgelobten $ 50 für die Namensidee.

♦ 💻 www.oldgas.com/info/towerconoco.html

1038 Bleiben Sie am Ortsausgang auf der linken Frontage Road.

1057 I 40 unterqueren, dann links auf rechte vierspurige Frontage Road (Business Loop).

1058 In **McLean** finden Sie eine alte, sehr schön restaurierte Phillips-66-Tankstelle und das *Cactus Inn*, einst ein respektables Motel. Vorher passieren Sie das **Route 66 Museum,** das links neben der nach Westen führenden Route 66 an einer Verbindung zwischen der nach Osten führenden Einbahnstraße der Route 66 liegt.

⌘ Für dieses Museum - Devil's Rope und Route 66 - sollten Sie sich etwas Zeit nehmen. Hier ist eine ziemlich umfassende Route-66-Sammlung untergebracht. Ein typisch amerikanischer Diner findet sich hier auch - nur zu essen gibt es dort nichts. Im gleichen Gebäude finden Sie außerdem das weltgrößte Museum für - man glaubt es kaum - Stacheldraht! Stacheldraht in allen Variationen spielte bei der Besiedelung des Westens eine enorm große Rolle und ermöglichte erst die Viehhaltung in großem Stil. Die Indianer mochten den Draht überhaupt nicht - engte er doch ihre gewohnte Freiheit und Freizügigkeit ein - sie nannten diese Erfindung deshalb Devil's Rope = Teufelsstrick. Außerdem sind Brandeisen und patentierte Spaten zum Graben von Zaunpfosten zu sehen. Eigentlich alles, was einst mit Einzäunung zu tun hatte.

♦ Devil's Rope Museum, 100 Kingsley Street, 💻 www.barbwiremuseum.com, Di bis Sa 🚪 10:00-16:00, freier Eintritt

1060 Fahren Sie weiter aus dem Ort hinaus. Wenn gelbe Schilder "Lane Ends - Merge Right" auftauchen, biegen Sie rechts in eine unscheinbare Straße ab. Sie wird zur rechten Frontage Road. Wenn Sie diese Abzweigung verpassen, landen Sie unweigerlich auf der I 40!

1066 **Alanreed.** Wechseln Sie auf die linke Frontage Road. Am Ortseingang steht die *66 Super Service Station* mit Texaco-Säule.

1069 **Johnson-Ranch**. Fahren Sie hier durch die Unterführung auf die I 40. Wenn Sie geradeaus weiterfahren würden, würden Sie auf einer Schotterpiste landen, die über eine Bullenweide zu einer Ranch führt. Übrigens ist die Johnson-Ranch 88 Quadratkilometer groß!
Nach wenigen 100 Metern können Sie die I 40 wieder verlassen und auf einen selten schönen Rastplatz mit und einem Welcome

Center fahren. Achten Sie auf dem Betonpfad auf die Abdrücke von Tierpfoten, die wohl Bauarbeiter aus Spaß hinterlassen haben. Allerdings erklären die Ranger, dass sich tatsächlich nachts u.a. Kojoten und Wild hier herumtreiben sollen. Ein Schild am Gebäude weist darauf hin, dass das Gebäude gleichzeitig ein Tornado-Shelter ist, also im Notfall Schutz bietet.

1087 Exit 114, **Groom**. Fahren Sie an der Ausfahrt rechts und kurz danach links unter der Brücke hindurch, dann nach rechts auf den Business Loop. Die Historic Route 66 ist an dieser Stelle gut ausgeschildert.

Schon von Weitem sehen Sie das Wahrzeichen von Groom, den schiefen Wasserturm mit der Aufschrift Britten U.S.A. (als Hingucker für einen damaligen *Britten Truck Stop* absichtlich schief gebaut) und weit dahinter ein Riesenkreuz. Wenn Sie sich das fast 60 m hohe Kreuz aus Stahl mit einer Blechverkleidung ansehen wollen, fahren Sie am Movie Motel rechts, kurz danach links. Ein Ingenieur aus Pampa, Texas, steckte seine Ersparnisse und die Spenden von Freunden in diese gigantische "Reklame für Jesus". Tagsüber ist das Kreuz aus einer Entfernung von 20 Meilen zu sehen, nachts wird es angestrahlt. Um das Kreuz herum sind die 14 Stationen des Leidenswegs Christi eindrucksvoll dargestellt - von der Verurteilung durch Pilatus bis zur Grablegung. Der Kitsch im Souvenirshop ist dagegen kaum auszuhalten.

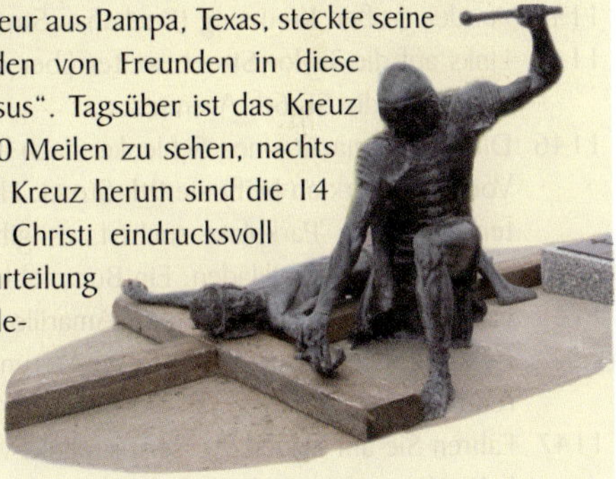

1091 Fahren Sie zurück zur Abzweigung und dann rechts. Sie befinden sich jetzt wieder auf der linken Frontage Road.

1118 **Conway**. Fahren Sie geradeaus.

1124 Sie wechseln auf die rechte Frontage Road.

1128 ⩩ Picknickplatz.

1131 Fahren Sie auf den Business Loop 40.

1138 Ortseingang **Amarillo**

Amarillo ist die größte Stadt an der Route 66 durch Texas und liegt 1.120 m hoch. Sie ist das Zentrum des texanischen Viehhandels und die *Amarillo Livestock Auction* ist die größte Viehversteigerung des Landes. Einige sehenswerte Museen zeigen ihre Schätze. Lohnenswert ist auch ein Bummel durch den *Historic Route 66 Antique District*.

Wenn Sie etwas mehr Zeit erübrigen können, übernachten Sie in Amarillo und nehmen die Stadt als Ausgangspunkt für einen Tagesausflug zum **Palo Duro Canyon** 30 Meilen südlich der Stadt. Fahren Sie dazu auf die I 27 South und bei Exit 106 auf die SR 217 East. Die Schlucht ist die zweitgrößte der USA und etwa 120 km lang, zwischen 6 km und 20 km breit und etwa 250 m tief.

Am Stadtrand, nicht gerade leicht zu finden, liegt die bekannte **Cadillac Ranch** (wird weiter unten genauer beschrieben).

1143 Grand Street: Wenn Sie zur berühmten Viehauktion möchten, fahren Sie hier links. Falls nicht, fahren Sie weiter geradeaus.

1144 An der großen Kreuzung (Buchanan Street) bleiben Sie geradeaus.

1145 Links auf die Taylor Street, weiter über die Brücke und gleich darauf rechts auf die SE 6th Avenue.

1146 Die Straße macht einen Schlenker nach links und wieder nach rechts. Vom Stadtpark an heißt sie 9th Street. Hinter dem Straßenknick sollten Sie einen Parkplatz suchen, es gibt jede Menge schöne alte Geschäfte und Antikläden. Ein Bummel lohnt sich.

1145 Fahren Sie nach links auf den Amarillo Boulevard (Business Loop). Achtung: Die "Historic 66"-Beschilderung ist an dieser Stelle irreführend!

1147 Fahren Sie am blauen Wasserturm links vorbei und gehen Sie auf die I 40 West, denn sicherlich möchten Sie sich die berühmte **Cadillac Ranch** nicht entgehen lassen.

1154 Fahren Sie am Exit Arnot Road ab und unter der Brücke hindurch auf die gegenüberliegende Frontage Road zurück in Richtung Stadt. Sie sehen dann von Weitem schon die Autos im Boden stecken.

Cadillac Ranch. Obwohl sie direkt an der Interstate zwischen den beiden Exits Arnot Rd. und Hope Rd. liegt, ist die Zufahrt ohne dieses Wissen (mangels einer Beschilderung) nicht leicht zu finden. Zehn Cadillacs unterschiedlicher Baujahre, inzwischen vollgeschmiert mit Graffiti, sind im gleichen Winkel im Ackerboden eingegraben und ragen mit dem Heck in die Luft. Das "Kunstwerk" soll in Zusammenhang mit dem Highway den amerikanischen Traum von der Freiheit symbolisieren. Versteh das, wer will.

1155 Wenden Sie und fahren Sie zurück. Sie unterqueren die Interstate am Arnot Rd. Exit und fahren auf der rechten Frontage Road weiter. Riesige Felder mit Mais und Sonnenblumen säumen die Straße. In Orten wie **Bushland** und **Wildorado** stehen riesige Getreidesilos am Straßenrand.

1180 **Vega**

1188 **Landergin**

1194 **Adrian.** Achten Sie auf das Schild "Mid Point Route 66". Hier ist die offizielle Streckenmitte der Route 66 zwischen Chicago und L.A. Das *Midpoint Café* nebenan hat sich dies zu eigen gemacht und bietet im *Fabulous 40 Motel* auch Zimmer an.

1202 ⛼ Picknickplatz.

1216 Exit 0: **Glenrio.** Sie könnten hier natürlich gleich weiterfahren, aber das wäre schade! Fahren Sie bei Glenrio über die Brücke und sehen Sie sich diesen Ort des Jammers an. Die Straße, die dorthin führt, nennt sich zwar wie überall Business Loop, ist sogar vierspurig, aber das klingt an dieser Stelle wie ein Witz. Hier finden Sie u.a. das (inzwischen verfallene) Motel, das früher mit der Neon-Reklame warb: "First

Motel of Texas/Last Motel of Texas" - je nach Fahrtrichtung. Es lag fast genau an der Staatengrenze, die durch den Ort führt. Es sind u.a. neben dem ehem. Post Office und einem Motel noch die Ruinen einer alten Tankstelle zu sehen, die später zur State Line Tavern umgebaut wurde. Grund der Erfolgsstory dieser Bar: im Deaf Smith County in Texas durfte kein Alkohol verkauft werden (es war also "dry"), während das Quay County in New Mexico "wet" war.

Ein Ort des Jammers

1217 Fahren Sie wieder zurück auf die I 40. Dort taucht gleich das ℹ Welcome Center für New Mexico auf. Hier gibt es wertvolle Informationen und eine Karte des Staates.

Route durch New Mexico 455 Mi

ℹ Welcome Center, 491 Old Santa Fe Trail, Santa Fe NM 87503, ☏ (505) 827-7336

♦ Chamber of Commerce and Visitor Bureau, 404 W. Tucumcari Blvd, Tucumcari, ☏ (505) 461-1694

"New Mexico - Land of Enchantment" (Land der Verzauberung): Welch ein Gegensatz zu Texas! Die Landschaft wird nach und nach hügeliger und felsiger. Rotbraune Tafelberge wechseln mit grünen Tälern. Darüber spannt sich der Himmel in einem fast unwirklichen Blau, gesprenkelt mit dekorativen, weißen Schäfchenwolken.

New Mexico ist in weiten Teilen Indianerland. Die "Native Americans" leben zum Teil, wie die Zunis und Acomas, in Pueblos, deren Baustil die Architektur in New Mexico stark geprägt hat. Der größte Stamm sind die Navajos mit mehr als 200.000 Stammesangehörigen. Das Reservat beginnt nördlich von Gallup und reicht bis nach Colorado hinein. Die Stämme haben ihre eigenen Gesetze und achten ihre Bräuche und Traditionen sehr. Es sollte ein Gebot der Höflichkeit sein, diese zu respektieren. Die Pueblos und Reservate sind keine Touristenattraktion, sondern die Heimat der dort lebenden Menschen.

Achten Sie vor allem beim Fotografieren darauf, nicht die Privatsphäre zu verletzen. Sie hätten es auch nicht gern, wenn ein Fremder auf Ihrem Grundstück herumläuft, um Fotos zu machen.

Es finden überall im Land so viele Fiestas, vor allem der Indianerstämme, statt, dass es unmöglich wäre, alle aufzuführen. Eine der bekanntesten Veranstaltungen in New Mexico ist das *Heißluftballon-Festival in Albuquerque* im Oktober.

Der meist vorgeschlagene direkte Weg Richtung Albuquerque führt zu großen Teilen über die langweilige Interstate. Die alte Strecke durch die Berge, die bis 1937 benutzt wurde, ist landschaftlich aber besonders reizvoll. Wir wählten deshalb hier in New Mexico die ganz alte Streckenführung über **Santa Fe**.

☹ Auf dem Santa Fe Loop finden Sie kaum Historic-Route-66-Schilder!

1217 Fahren Sie vom **i** Welcome Center auf die I 40.
1231 Beim Exit 361 fahren Sie auf die rechte Frontage.
1236 Die Straße wechselt bei **San Jon** auf die linke Seite.
1258 Wechseln Sie in Höhe des Exit 335, kurz vor Tucumcari, zur rechten Frontage Road (Business Loop 40).

1260 **Tucumcari.** Wenn es irgendwie in Ihren Zeitplan passt, übernachten Sie hier. Schon in den frühen Zeiten der Route 66 war der Ort ein Anziehungspunkt für Reisende.

Viele alte Restaurants und Motels mit gut erhaltenen Neonreklamen sind hier zu finden, darunter das historische *Blue Swallow Motel.* Sehr gut und gemütlich ist auch das *Pow Wow Inn* am Ortsende, das seit 40 Jahren Gäste beherbergt. Am Ortsanfang sind die neueren Motels wie Super 8 und Motel 6 zu finden. Hier befindet sich auch Dean's Restaurant gleich an der ersten Ampel, das ich empfehlen kann. Alle 24 (!) Motels scheinen sich einen Preiskrieg zu liefern, denn die älteren bieten schon Zimmer ab $ 28 und die Neueren ab $ 37 an.

An der Seitenfront von Lowe's Supermarkt ist ein riesiges Wandgemälde zu sehen, das die "Legendary Road" zum Thema hat.

1262 Fahren Sie auf dem Business Loop bis zum Exit 329 und dann auf die I 40 West.

Blue Swallow
MOTEL
VACANCY
TV

TEPEE
CURIOS

PALOMINO
MOTEL

Cactus
RV-PARK
RV
PARK

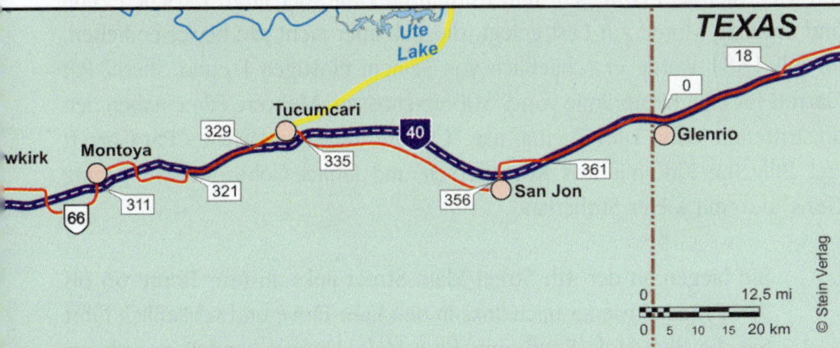
TEXAS
Ute Lake
18
0
Tucumcari
329
40
Glenrio
Montoya
335
361
321
311
356
San Jon
66
0
12,5 mi
0 5 10 15 20 km
© Stein Verlag

1272 Am Exit 321 (Palomas) verlassen Sie die Interstate. Sie fahren dann hinter der Tankstelle in die Straße rechts und sind auf der linken Frontage Road.

1273 An der Brücke über die I 40 fahren Sie geradeaus (auf südlicher Seite bleiben).

1277 Sie unterqueren die I 40 und fahren wieder auf die rechte Frontage. Vorsicht: Nach heftigen Regenfällen sammeln sich unter der Brücke Wasser und Matsch. Auch im weiteren Verlauf der Straße kann es zu Pfützen und Matsch kommen.

1283 In Höhe des Exit 311 bei **Montoya** führt die Straße wieder auf die linke Seite der Interstate.

1289 Sie überqueren wieder die I 40 und sind auf der rechten Frontage.

1294 **Newkirk**. Ruinen des alten Post Office aus *Adobe Brick* (Lehmziegeln) und einer Tankstelle sind zu sehen.

1302 **Cuervo**. Hier müssen Sie wieder auf die I 40. Achten Sie auf die kleine Kirche, die komplett aus Adobe erbaut wurde.

1317 Am Exit 277 (Santa Rosa) fahren Sie auf den Business Loop 40.

1319 **Santa Rosa**. Der Business Loop führt einen steilen Berg hinab und unterquert die I 40 beim Exit 275. Sie sind jetzt auf der linken Seite der Interstate. In dieser Kleinstadt finden Sie viele alte Motels mit schönen Neonschildern. Selbst in der Hauptsaison können Sie hier ohne Reservierung ein Zimmer bekommen.

Der zwielichtige Spieler, Revolverheld und spätere Rinderdieb *Billy the Kid* trieb hier sein Unwesen. Ihm wurden im Laufe der Jahre zwischen zehn und zwanzig Morde zur Last gelegt, die sich aber nicht alle beweisen ließen. Im Juli 1881 wurde er schließlich von seinem einstigen Freund Sheriff Pat Garrett für eine Kopfprämie von $ 500 erschossen. Mehrere Filme haben den umstrittenen Mann zum Thema, u.a. "Chisum" mit John Wayne, "Pat Garrett jagt Billy the Kid" mit Kris Kristoffersen und James Coburn sowie "Young Guns" u.a. mit Kiefer Sutherland.

Sie biegen an der 4th Street/Main Street links ab (war Route 66 bis 1937), dann wieder nach links in den Lake Drive und schließlich führt Sie die Blue Hole Road zum *Blue Hole*. Hierbei handelt es sich um eine 24 m tiefe artesische Quelle mit einem Teich von etwa 40 m Durchmesser. Wegen des glasklaren Wassers ist er bei Tauchern sehr beliebt.

⌘ Ein *Automuseum* direkt an der Route 66 erfreut die Herzen von Automobilliebhabern und ist wegen des gelben Fords in 5 m Höhe nicht zu übersehen. Es werden über 30 verschiedene Autos in teilweise neuwertigem Zustand gezeigt. Schon der Eingangsbereich überzeugt durch seine großzügige Gestaltung.

♦ Route 66 Auto Museum, 2866 Will Roger's Avenue, Eintritt $ 5, keine Ermäßigung,
💻 www.route66automuseum.com/

Am Ortsausgang überqueren Sie den *River Pecos*. Auf der rechten Seite führt die lange Eisenbahnbrücke der Union Pacific Railroad über den Fluss, die auch in dem Film "Früchte des Zorns" gut zu sehen ist.

1322 Fahren Sie bei Exit 273 wieder auf die I 40.

1338 Bei Exit 256 fahren Sie auf die US 84 North in Richtung Las Vegas - nicht zu verwechseln mit Las Vegas, Nevada.

1353 **Dilia**

1379 Bei **Romeroville** überqueren Sie die I 25. Fahren Sie kurz darauf an der Tankstelle links. Sie sind auf der rechten Frontage in Richtung Santa Fe. Die Route 66 folgt der I 25 schön ausgebaut an den Santa Fe Mountains entlang.

1384 **Tecolote**

1396 Fahren Sie an der Kreuzung geradeaus.

1400 Wechseln Sie zur linken Frontage.

1412 Bei **Rowe** (Exit 307) am Pecos River unterqueren Sie die I 25. Sie fahren jetzt auf der rechten Seite Richtung Pecos.

1416 **Pecos Historic State Park** bietet nichts Besonderes und kostet sogar noch $ 3 Eintritt.

1417 **Pecos**

1418 Fahren Sie an der Kreuzung links und folgen Sie den Schildern zur I 25.

1424 Bei **Glorieta** (Exit 299) fahren Sie auf die Interstate Richtung Santa Fe. Im Hintergrund ist das *Glorieta Conference Center* zu sehen.

1429 Vor **Canoncito** (Exit 294) verlassen Sie die Interstate. Fahren Sie am Stoppschild nach der Ausfahrt rechts und sofort links auf den Old Las Vegas Highway.

1439 Halten Sie sich rechts und fahren Sie auf die Straße Old Pecos Trail.

1442 **Santa Fe**. Sie treffen auf die Straße Old Santa Fe Trail und biegen rechts in die Cerrillos Road ab, die Sie über den Paseo de Peralta direkt in die wunderschön gelegene, architektonisch unverwechselbare City der Hauptstadt New Mexicos bringt. Suchen Sie sich am Santa Fe River (eigentlich meist nur ein Rinnsal) einen Parkplatz. Die Parkuhr füttern Sie mit Quartern, erkunden Downtown und spazieren zum State Capitol (das aber nichts Besonderes bietet).

☹ Im Stadtzentrum von Santa Fe sind die Hotelpreise sehr hoch. Planen Sie ihre Übernachtung daher lieber außerhalb der Stadt! Santa Fe ist ein beliebtes Touristenziel und daher ziemlich überlaufen.

In Santa Fe gibt es keine Hochhäuser: Alle Gebäude, einschließlich des *Capitols*, sind im Pueblo-Stil gehalten und geschmackvoll in die Natur eingebettet. Hier finden Sie auch eine Vielzahl von interessanten Museen und die Santa Fe Opera ist weltberühmt. Etliche Kunstgewerbeläden bieten Indianerkunst an und es gibt unzählige Restaurants mit gemütlichen Patios (Innenhöfen) um die *Santa Fe Plaza* herum, die als Park mit Orchestermuschel gestaltet ist.

Die Seite des Platzes, der wie eine Ladenzeile aussieht, ist die Front des *Gouverneurspalastes* aus dem Jahr 1610 und damit das älteste öffentliche Gebäude der USA.

Vergessen Sie nicht in die geschmackvoll gestaltete *Kathedrale Basilica St. Francis* hineinzugehen. An ihr wurde 15 Jahre lang von 1869 an gebaut. Die Fenster stammen aus Frankreich und wurden nach Amerika verschifft, um dann in Planwagen nach Santa Fe transportiert zu werden. Interessant ist auch die kleine *Miguel Chapel* etwas abseits des unmittelbaren Stadtzentrums am Santa Fe Trail Ecke De Vargas Street, ebenfalls 1610 erbaut und die älteste Kirche der USA.

☺ Wenn Sie in etwas ruhigerer Atmosphäre Souvenirs aus New Mexico einkaufen möchten, sollten Sie sich später in Albuquerque umsehen. Vor allem die Altstadt dort ist sehr harmonisch und hält viele Angebote zu deutlich niedrigeren Preisen bereit.

1444 Nach der Stadtbesichtigung fahren Sie am besten die Cerrillos Road wieder zurück stadtauswärts bis zur I 25 South.

1482 Verlassen Sie bei Exit 248 die Interstate und fahren Sie in Richtung Algodones (SR 313 South).

1489 **Bernalillo**

1504 **Albuquerque**. Die SR 313 wird zur 4th Street.

1510 Unterqueren Sie die I 40 und fahren Sie geradeaus immer weiter bis ins Stadtzentrum. Wo es nicht mehr weiter geht, biegen Sie rechts ab und gleich darauf links in die 5th Street.

1512 Fahren Sie nach rechts auf die Central Street in westlicher Richtung.

☺ Wenn Sie allerdings ein Fan der alten Neonschilder sind, sollten Sie die Central Street in östlicher Richtung fahren. Hier reiht sich auf über sechs Meilen ein altes Motel am anderen (teilweise stehen nur noch die Schilder da). Dies war die Route-66-Einfahrt nach Albuquerque nach 1937. Danach alles wieder zurück nach Osten.

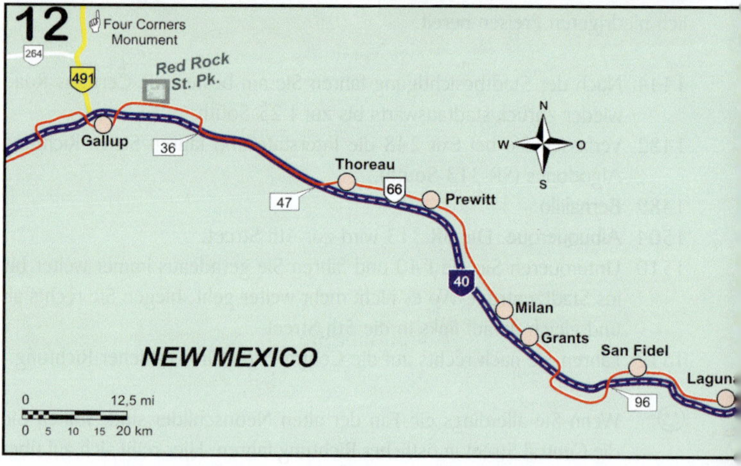

1514 Auf der rechten Seite ist ein P Parkplatz, direkt an der "Altstadt".

Die *Old Town* von Albuquerque mit der schönen *Plaza* sollten Sie sich unbedingt ansehen. Eine Vielzahl von Kunstgewerbeläden erwartet Sie ebenso wie hübsche Restaurants mit mexikanischer Küche. Die Plaza ist von Bäumen umstanden und wirkt wie ein kleiner Park. Mit etwas Glück tritt im Musikpavillon eine Band auf und spielt mexikanische Rhythmen.

Bleiben Sie auf der Central Street. Sie überqueren den Rio Grande und fahren den *Nine Mile Hill* hinauf. Der Hügel ist neun Meilen von der City entfernt. Schauen Sie einmal zurück auf die Stadt! Der Blick ist eindrucksvoll, vor allem wenn die Morgensonne auf die Stadt scheint (Seite 96).

1521 An der Kreuzung mit der I 40 fahren Sie nach rechts über die Brücke und vor "Freightliner Trucks" nach links auf die Frontage Road. Sie befinden sich jetzt auf der rechten Seite der Interstate.

1531 Bei **Rio Puerco** fahren Sie auf die I 40. Hier können Sie an einer alten Stahlbrücke von 1933 anhalten und hinüberspazieren. Ein Stück weiter ist schon das Casino zu sehen, und um auch Route-66-Reisende

Blick zurück auf Albuquerque

einzufangen, zeigt ein Route-66-Schild genau dahin. Wenn Sie sich für's Casino nicht interessieren, ignorieren Sie es und fahren geradeaus weiter.

Warum ein weiteres Schild Sie dazu bringen will, am Exit 126 abzufahren, bleibt unerfindlich. Fahren Sie nicht ab!

1553 Bei **Mesita**, Exit 117, biegen Sie ab und fahren auf die rechte Frontage. Ein Schild am Straßenrand warnt an dieser Stelle davor, die Siedlung und Menschen zu fotografieren und zu filmen und droht Bestrafung an.

Hier beginnt ein besonders schöner Abschnitt durch das Tohajiilee-Indianerreservat. Das Landschaftsbild wird bestimmt durch große und kleine *Mesas* (Tafelberge), rötliche Felsformationen und grüne Täler. Die Straße windet sich an Felsformationen vulkanischen Ursprungs, beispielsweise dem *Owl Rock*, vorbei. Leider fuhr an dieser Stelle ein Polzeistreifenwagen hinter mir, so dass ich hier zum Fotografieren an der 180-Grad-Kurve *Dead Man's Curve* nicht anhalten konnte.

1558 **Laguna.** Rechts ab auf SR 124.

1568 **Budville.** Alte Kneipe und Tankstelle am linken Straßenrand. 1967 wurde der Eigentümer Bud bei einem Überfall in seinem Laden erschossen. 12 Jahre später gab seine Frau auf und schloss das Geschäft.

1571 **Villa de Cubero.** In den 30er Jahren lebten hier fast eintausend Menschen. In einem Motel soll Ernest Hemingway einst an seinem Roman "Der alte Mann und das Meer" geschrieben haben.

1573 **San Fidel.**

1576 In Höhe Exit 96 überqueren Sie die I 40 und fahren auf der linken Seite der Interstate weiter.

1582 Die Straße unterquert die I 40 und Sie fahren auf der rechten Frontage weiter.

1583 Fahren Sie weiter Richtung Grants schräg rechts auf die SR 117.

1590 **Grants.** Mining Museum, rechts.

1592 **Milan**

1618 **Thoreau**

1625 Fahren Sie bei Exit 47 auf die I 40.

Sie sind an der **Continental Divide**, der kontinentalen Wasserscheide, angelangt. Sie ist hier über 2.217 m (7.275 feet) hoch und bildet das Rückgrat des nordamerikanischen Kontinents. Alles Wasser, das nach Westen fließt, geht in den Pazifik und nach Osten in den Golf von Mexiko.

1636 Bei Exit 36 fahren Sie auf die rechte Frontage.

1643 Rechts geht es hier zum Red Rock State Park.

1646 Am Ortseingang von **Gallup** (⇧ 1.975 m) unterqueren Sie die I 40. Im weiteren Verlauf passieren Sie eine Vielzahl alter Motels, beispielsweise das *El Capitan*, das *Blue Lodge* und das *Arrowhead Lodge*, mit ihren wieder aufgehübschten Neonschildern. Gallup ist das Zentrum vieler Indianerstämme, die sich hier regelmäßig zu *Intertribal Meetings* treffen. Im Sommer finden jeden Abend Tänze statt. Südlich von Gallup liegt das Zuni-Indianerreservat, nördlich das Reservat der Navajos. Im *Red Rock Park* 4 Mi östlich finden Mitte bis Ende Juni verschiedene Rodeos statt, an denen jeweils 800 bis 1.000 Mutige teilnehmen.

♦ 💻 www.galluplions.org, 💻 www.gallupnm.com, 💻 www.thegallupchamber.com

☹ Durch den lang gestreckten Rangierbahnhof parallel zur Main Street (Route 66) kann es in Gallup nachts manchmal laut sein, aber inzwischen haben Sie sich vielleicht schon an die Warnsignale der Züge gewöhnt?

☺ Wenn Sie Zeit haben, können Sie einen 115-Meilen-Abstecher zu den **Four Corners** durch das Navajo-Reservat machen - ein schöner Tagesausflug. Hier befindet sich der einzige Punkt der USA, an dem vier Staaten aneinander grenzen: Utah, Colorado, New Mexico und Arizona. Wenn Sie sich hier etwas geschickt hinhocken, dann sind ihre Arme und Beine in jeweils einem anderen Staat.

Das *El Rancho Hotel* ist ein "Muss" auf dieser Reise! Es wirbt mit dem Spruch "Home of the Movie Stars". Das Hotel mit Motel wurde 1937 gebaut und beherbergte Stars wie John Wayne, Kirk Douglas, Humphrey Bogart, Alan Ladd, Spencer Tracy, Gregory Peck, Burt Lancaster, Robert Mitchum, Catherine Hepburn und Ronald Reagan - um nur einige zu nennen. Ihre Fotos nebst Autogramm hängen oben an der Wand der Galerie. Die Hotelhalle mit den beiden geschwungenen Treppen ist sehenswert. Im Restaurant können Sie zu annehmbaren Preisen gut essen. Zu erfreulich zivilen Preisen können Sie hier übernachten (Hotel ab $ 78, Motel ab $ 50). Da das El Rancho von dem Bruder des Regisseurs und Filmproduzenten D. W. Griffith (u.a. mit Charlie Chaplin Gründer von United Artists) gebaut wurde, war es natürlich auch Hauptquartier der jeweiligen Filmcrews, die Western oder westernähnliche Filme in der Gegend drehten.

☹ Sollten Sie allerdings dazu ein Glas Wein oder Bier trinken wollen - vermeiden Sie es, sich einen Sonntag für einen Aufenthalt in Gallup auszusuchen! In ganz Gallup erhalten Sie sonntags keine alkoholischen Getränke!

1651 Fahren Sie am Rangierbahnhof vorbei und bleiben Sie auf der Hauptstraße SR 118 West, die hier "Historic 66" heißt.

1656 Unterqueren Sie die I 40 und fahren Sie rechts von der Interstate weiter.

1659 Bleiben Sie auf der SR 118, die hier nach links knickt, und fahren Sie unter der Brücke hindurch sofort rechts auf der linken Frontage weiter.

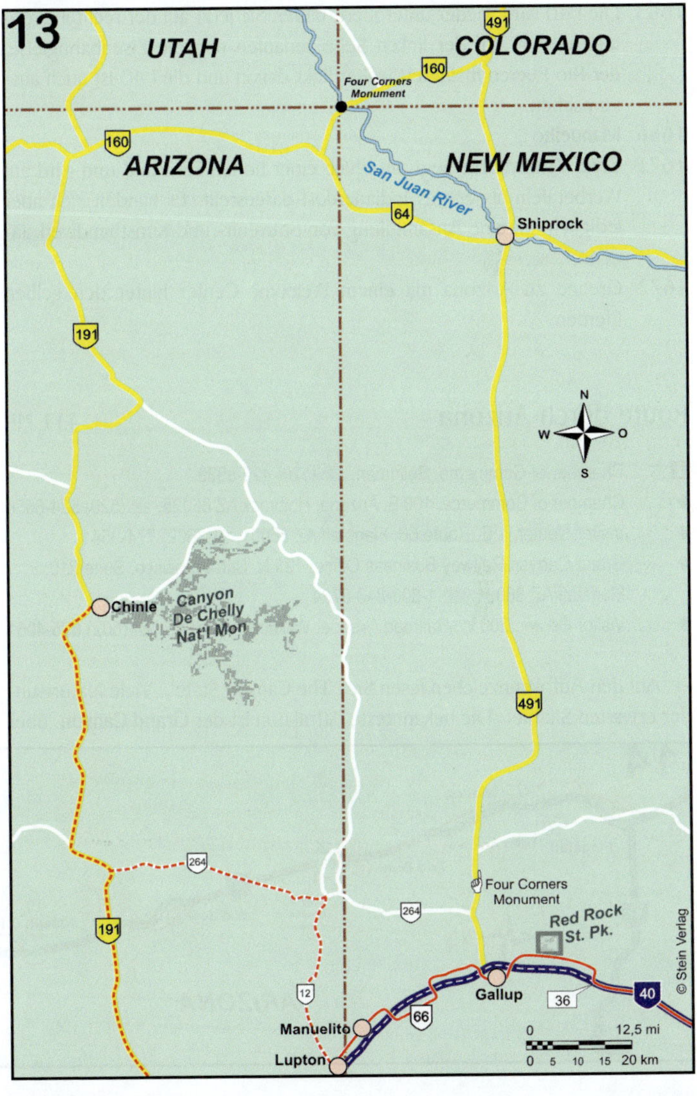
13
UTAH
COLORADO
ARIZONA
NEW MEXICO
491
160
Four Corners Monument
160
San Juan River
64
Shiprock
191
N
W
O
S
Chinle
Canyon De Chelly Nat'l Mon
491
264
Four Corners Monument
264
Red Rock St. Pk.
191
12
Gallup
36
40
66
Manuelito
Lupton
0 12,5 mi
0 5 10 15 20 km
© Stein Verlag

1663 Die I 40 wird wieder unterquert, fahren Sie jetzt auf der rechten Frontage weiter. Auf der linken Seite verlaufen nun die Eisenbahngleise, der Rio Puerco mäandert weiter links davon und die I 40 ist auch auszumachen.

1666 **Manuelito**

1671 **Chief Yellowhorse** liegt unterhalb einer hohen Felswand und wird auf Werbetafeln als echtes Indianerdorf dargestellt. Es handelt sich aber lediglich um eine Ansammlung von Souvenir- und Kunsthandwerksläden.

1672 Grenze zu Arizona mit einem Welcome Center hinter den gelben Pferden.

Route durch Arizona 411 Mi

- Chamber of Commerce, Seligman, ☏ (520) 422-3939
- Chamber of Commerce, 100 E. Arizona, Holbrook AZ 86025, ☏ (520) 524-6558
- Visitor Center, 1 E. Route 66, Flagstaff AZ 86001, ☏ (602) 774-9541
- Grand Canyon Railway Business Office, 123 N. San Francisco, Suite 210, Flagstaff AZ 86001, ☏ 1-800-843-8724
- Visitor Center, 200 W. Railroad Avenue, Williams AZ 86046, ☏ (602) 635-4061

Auf den Autokennzeichen lesen Sie "The Canyon State". Viele Naturwunder erwarten Sie hier: Die bekannteste Attraktion ist der **Grand Canyon**, über

den hier sicher keine Worte mehr verloren werden müssen. Die Route 66 führt zwar nicht direkt daran vorbei, aber von Flagstaff oder Williams aus haben Sie es nicht mehr weit. Sie sollten, wenn Sie den Grand Canyon noch nicht kennen, hierfür unbedingt Zeit einplanen.

Nicht so spektakulär, aber deshalb nicht weniger schön, ist der **Canyon de Chelly.** Der Nationalpark, der im Reservat der Navajo-Indianer liegt, ist unter anderem wegen der Klippenwohnungen und der Felsmalereien von Interesse. Von Chambers oder Lupton aus ist der Canyon leicht zu erreichen.

Unmittelbar an der Strecke liegt der **Petrified Forest National Park**. Am Eingang des Parks haben Sie einen phantastischen Ausblick auf die **Painted Desert**, eine Steinwüste, die je nach Lichteinfall ein unglaubliches Farbenspiel bietet. In dem versteinerten Wald sind 225 Mio. Jahre alte Baumstämme gut erkennbar zu Stein geworden, der in allen Farben schimmert. Den **Meteor Crater**, fast unmittelbar an der Route gelegen, sollten Sie nicht auslassen. Vor fünfzigtausend Jahren ist durch einen gewaltigen Meteoriteneinschlag ein 170 m tiefer Krater gebildet worden. Ein Weg führt zu dessen Rand hinauf, von dort können Sie die riesige "Schüssel" überblicken.

Auch ein Ausflug zum **Montezuma Castle**, einer alten Indianersiedlung mit Klippenwohnungen, ist empfehlenswert. Kleine Orte wie **Seligman** und **Oatman** sind ebenfalls einen Aufenthalt wert. Bei der Planung Ihrer Tour sollten Sie daher für Arizona einige Extratage vorsehen.

☺ In Arizona erwartet Sie ab Seligman ein gut erhaltener, besonders schöner Abschnitt der Route 66, auf dem Sie zur Abwechslung einmal nicht ständig neben der Interstate herfahren. Bevor es aber so weit ist, müssen Sie leider über lange Strecken die I 40 benutzen!

☺ An der Grenze müssen Sie sich entscheiden, ob Sie stur dem einstigen Verlauf der Route 66 folgen wollen oder ob außerordentliches Sightseeing angesagt ist (Alternative). Mit stur meine ich, dass Sie die nächsten 100 Meilen ständig die Frontage Road verlassen und immer wieder auf die I 40 rauf- und runterfahren müssen. Als Alternative beschreibe ich den Besuch zum **Canyon de Chelly** und zum **Petrified Forest National Park.**

Hier die Stur-Version

1672 Kurz hinter der Grenze unterqueren Sie bei **Lupton** die I 40 und fahren auf der linken Frontage weiter.

1677 Bei Exit 354 fahren Sie auf die I 40. Eine größere Trading Post, *Indian City* genannt, steht auf einer Anhöhe am Exit 351. Sie verkauft Souvenirs und indianisches Kunsthandwerk. Am Exit 348 können Sie die *Fort Courage Trading Post* besuchen.

1685 Fahren Sie beim Exit 346, Pine Springs Road, auf die rechte Frontage. Die Asphaltstraße hat einige unschöne Schlaglöcher und geht bald in eine Schotterstraße über. Rechnen Sie mit vielen Schlaglöchern und entweder Staub oder Matsch, je nach Wetterlage!

1687 Links geht's zur gut erhaltenen Brücke über den Querino Canyon, anschließend weiter geradeaus.

1690 Fahren Sie an der Ortega Road, Exit 342, wieder auf die I 40.

1692 Bei **Sanders**, Exit 339, auf die rechte Frontage bis **Chambers**.

1698 **Chambers**. (1.830 m) Fahren Sie hier wieder auf die Interstate bis zum Exit 286 bei …

1771 **Holbrook** (1.600 m hoch).

Holbrook ist eine Übernachtung wert. Wie wäre es mit dem Wigwam Motel? Preiswert und sauber können Sie hier in einem nachgestalteten Tipi schlafen. Viele alte Motels, ein Museum, eine alte Trading Post und urige Kneipen erwarten Sie in diesem Ort. Probieren Sie bei "Joe and Aggies" mal einen "Apple-burrito a la mode" (ein kalorienreicher Nachtisch)!

Besuchen Sie schräg gegenüber "Julien's Roadrunner" und lassen sich von dem alten Inhaber Geschichten der alten Route 66 erzählen. In dem kleinen Laden sind eine Unmenge an Schildern ausgestellt, die natürlich auch verkauft werden. Sehen Sie sich an Sommerabenden Indianertänze vor dem Rathaus an.

☺ **Empfohlene Alternative**

Fahren Sie gleich hinter der Grenze am Exit Lupton ab auf die IR 12, bei Window Rock auf die SR 264 und dann hinter Ganado auf den US-Highway 191 nach Chinle (1.678 m). Dieser Abstecher (gut 160 Meilen hin und zurück) zum Canyon de Chelly (Tscheh gesprochen) liegt im Gebiet der Navajo-Indianer und wird seit 1931 als National Monument geführt. Der Park ist gut ausgeschildert und die Fahrtzeit beträgt etwa zwei Stunden. Die drei Motels in Chinle (Holiday Inn, Best Western und Thunderbird Lodge) sind in der Hochsaison gut gebucht und leider wesentlich teurer als normal.

Canyon de Chelly. Eine gut ausgebaute Parkstraße führt an der Schlucht entlang zu sieben Aussichtspunkten. Im Visitor Center können Sie aber auch Touren durch den Grund des Canyons buchen, die Sie näher an die Sehenswürdigkeiten heranbringen.

Das bekannteste Fotomotiv ist der *Spider Rock* ganz am Ende des Parks. Bedenken Sie den Stand der Sonne - je später am Nachmittag es wird, desto länger werden die Schatten der Felswände. Der Eintritt in den Park ist frei und sogar für den Campground am Parkeingang wird nichts verlangt.

Der White House Trail führt als Wanderweg vom Rand der Schlucht etwa 2 km zum Grund des Canyons in gut ausgebauten Serpentinen hinunter. In der Tageshitze ist das kein einfaches Unterfangen - rechnen Sie mit mindestens zwei Stunden Dauer für den Weg hin- und zurück - nehmen Sie ausreichend Trinkwasser mit!

Vom Canyon de Chelly fahren Sie auf dem US-Highway 191 direkt zur I 40 West bei Chambers zurück. Am Exit 311 verlassen Sie die I 40 wieder und folgen den Schildern zum …

Petrified Forest National Park. Die Straße durch den Park führt zunächst nördlich der Interstate durch die **Painted Desert**. Vor allem in den frühen Morgenstunden bzw. am späten Abend zeigt sich die hügelige teils schroffe Steinlandschaft in den schönsten Farben. Wie in allen Nationalparks sind Parkplätze an besonderen Aussichtspunkten angelegt. Kurz bevor die Parkstraße die I 40 überquert, erinnert eine Bank an den ganz ursprünglichen Verlauf der Route 66 entlang den Telegrafenmasten - d.h. bevor sie asphaltiert wurde. Nachdem sie als asphaltierte Straße einige Jahre in Gebrauch war, wurde die Interstate einfach darüber gebaut.

Im Verlauf der Strecke wandelt sich das Landschaftsbild. Auf der südlichen Seite der Interstate sehen Sie den **Petrified Forest**, den versteinerten Wald. Sie sollten nur an den angegebenen Parkplätzen halten und auf keinen Fall Versteinerungen als Souvenir mitnehmen. Die Ranger achten streng auf Verstöße, die streng geahndet werden! In allen Souvenirshops der Umgebung können Sie versteinertes Holz kaufen, das auf privatem Grund und Boden gefunden wurde. Die Straße durch den Park ist insgesamt 35 Meilen lang und hat diverse Aussichtspunkte. Im Visitor Center am südlichen Ausgang wird alle halbe Stunde ein Film gezeigt, der anschaulich die Entstehung der Versteinerungen im Laufe der letzten 225 Mio. Jahre erklärt.

Am Parkende fahren Sie auf die SR 180 in Richtung Holbrook. 17 Mi weiter biegen Sie an der Kreuzung mit der SR 77 rechts ab und erreichen **Holbrook**, ☞ Beschreibung oben.

1776 *Wigwam Motel* kurz vor dem Ortsausgang auf der linken Seite. Eine Nacht kostet hier ab $ 54.

1777 Sie fahren nun auf die I 40.

1781 Beim Exit 280 haben Sie Gelegenheit, *Geronimos Trading Post* zu besuchen, ein altes Route-66-Original. Zum Verkauf stehen polierte und hübsch anzusehende Stücke von versteinerten Bäumen in der Preisklasse ab tausend Dollar aufwärts für etwas größere Teile. Fahren Sie anschließend wieder auf die Interstate. Ein Schild am Highway weist auf die Höhe von 5.000 feet = 1.524 m hin.

1785 Beim Exit 277 fahren Sie auf dem Business Loop durch **Joseph City**. Am Ortseingang steht ein Denkmal aus versteinerten Holzstücken, das an das Old Fort erinnert. Sie sind jetzt rechts vom Highway.

1787 Überqueren Sie die I 40 und fahren Sie auf der linken Frontage Road weiter.

1792 Here it is: Jack Rabbit, ein alter Trading Post. Heute ist er ein Souvenirladen, u.a. auch mit Route-66-Schnickschnack. Hier müssen Sie wieder auf die Interstate.

1804 Beim Exit 257 fahren Sie auf die linke Frontage. Die Straße wird zum Business Loop.

1807 **Winslow**. Ein paar alte Gebäude aus der "guten alten Zeit" sind geblieben.

1810 Fahren Sie wieder auf die I 40. Wenn Sie im Spätfrühling unterwegs sind, tragen die *San Francisco Peaks* in der Ferne noch Schneekappen.

1816 ⛼ Rest Area.

1828 Am Exit 233 können Sie einen Abstecher zum *Meteor Crater* machen.

Der **Meteor Crater** ist einer der gewaltigsten Zeugnisse eines Meteoriteneinschlags auf die Erde. Geologen fanden heraus, dass dieser Meteorit etwa 45 m groß gewesen sein muss. Der Durchmesser des Kraterrands ist 1.200 m und die Höhe des Randes vom Grund beträgt über 170 m. Ein Film zeigt Wissenswertes über Meteoriten und die vermutliche Entstehung des Kraters. Wegen der Ähnlichkeit des Gebietes mit der Mondoberfläche hatte die NASA hier ein Trainingslager für die Apollo-Astronauten eingerichtet. Da der Krater nur 6 Meilen abseits der Strecke liegt, sollten Sie die Gelegenheit nicht versäumen, das Gelände und das interessante Museum zu besichtigen.

♦ In der Saison bis 19:00, sonst bis 17:00, Eintritt $ 15, $ 13 für Senioren, $ 7 für Kinder 17, www.meteorcrater.com

Fahren Sie weiter auf der I 40.

1831 Beim Exit 230 können Sie ein ganz altes Stück der Route 66 erkennen, das aber meiner Ansicht nach inzwischen unbefahrbar ist.

Wenn Sie über die Brücke fahren, kommen Sie nach **Two Guns** - oder was davon übrig ist. Sie sehen die Reste einer Tankstelle und die Ruine eines ehemaligen Campgrounds, vermutlich vom KOA. Etwas unterhalb liegt eine weitere Ruine mit der Aufschrift "Mountain Lion" - einst der Eingang zu einem Zoo, der für frühere Reisende eine kleine Attraktion am Rande der Straße bot. Unterhalb davon ist eine uralte Brücke der Route 66 über den Canyon Diablo auszumachen.

1843 **Twin Arrows**. Sie können am Exit 219 die Interstate verlassen und parallel auf der rechten Frontage weiterfahren. Aber eigentlich lohnt es sich nicht, wegen der Zwillingspfeile extra abzufahren.

1851 "Don't forget **Winona**!" Exit 211, vor der Tankstelle nach rechts. Hier gibt's absolut nichts Bemerkenswertes zu sehen und Winona hat es wohl nur in den Song über die Sixtysix geschafft, weil es sich so gut auf Arizona reimt.

1852 Rechts befindet sich eine alte gesperrte Brücke über den meist trockenen Walnut Creek. Hier soll eine Szene aus dem Film Forrest Gump spielen. Die Straße heißt jetzt Townsend-Winona Road.

1861 Fahren Sie links auf die US 89 in Richtung Flagstaff.

1864 **Flagstaff** liegt sehr schön unterhalb der San Francisco Mountains mit dem höchsten Berg, dem Humphrey's Peak, mit 3.853 m Höhe.

Als eine Gruppe von Siedlungswilligen am 4. Juli 1876 hier kampierte, kam die Idee auf, eine sehr hoch und gerade gewachsene Kiefer als Fahnenmast zu gebrauchen, um das hundertjährige Bestehen der USA zu feiern. Gesagt, getan. Die Äste wurden kurzerhand abgesägt und die Stars-and-Stripes aufgezogen. Dieser "Flag Staff" diente nachfolgenden Siedlern lange als Wegweiser durch das noch unbekannte Land und der Ort hatte seinen Namen weg. 1882 kam die Eisenbahn und schon bald wuchs und gedieh Flagstaff zu Stadtgröße.

Am Ortseingang liegt rechts ein riesiges Blockhaus, der legendäre "**Museum Club**" aus dem Jahr 1931. Die große Neon-Gitarre vor dem Parkplatz ist nicht zu übersehen. Der Eingang ist aus einer riesigen Baumgabel gestaltet und im Inneren befinden sich um die große Tanzfläche herum fünf weitere Baumstämme, die das Dach tragen. Hier treten regelmäßig Rock-Gruppen und Country- und Western-Sänger auf. Die Bilderwand zeigt, dass viele Prominente "The Zoo", wie der Museum Club auch genannt wird, besucht haben. "Zoo" deshalb, weil das Haus von einem Tierpräparator gebaut wurde, der sein Geschäft bis in die 30er Jahre hier betrieb.

🛏 Viele Motels zeigten bei der weiteren Fahrt in die Stadt (in der Hochsaison!) das Schild "Vacancy", d.h. es waren Zimmer frei. Wegen der Nähe zum Grand Canyon waren wir davon ziemlich überrascht. Zumindest, wenn man am frühen Nachmittag ankommt, hat man sehr gute Chancen.

1867 Innenstadt **Flagstaff**, die Route 66 ist hier gut beschildert. Um wieder aus der Stadt herauszukommen, fahren Sie weiter am Bahnhof vorbei, nach links unter der Eisenbahnbrücke hindurch und etwas später schräg rechts ab. Auch hier gibt's noch weitere Motels.

ℹ Im Bahnhof befindet sich das Visitor Center. Falls Sie nicht in Flagstaff übernachten wollen, sollten Sie aber wenigstens hier parken und einen Bummel durch die hübsche Downtown gleich gegenüber machen!

☺ Übrigens: Die Bahnfahrt zum Grand Canyon beginnt nicht hier, sondern in Williams (☞ Meile 1.900), und Flagstaff liegt fast 2.150 m hoch!

☺ Flagstaff ist ein guter Ausgangspunkt für einen Besuch des **Grand Canyon**. Fahren Sie in Flagstaff auf die US 180, die sich bei Valle mit der SR 64 North verbindet. Nach einer Fahrt von etwa 80 Meilen erreichen Sie **Tusayan**, kurz vor dem Eingang zum Nationalpark (1.981 m hoch gelegen). Dort gibt es etliche Hotels, die aber lange im Voraus gebucht werden müssen.

☺ Ein weiterer lohnenswerter Ausflug führt zum **Montezuma Castle National Monument** bei Camp Verde. Sie können aus nächster Nähe die Klippenwohnungen der früher hier lebenden Indianer besichtigen. Sie erreichen Montezuma Castle von Flagstaff aus über die I 17 South, Exit 289 (etwa 50 Meilen).

1872 Hier müssen Sie ab dem Exit 191 für ein kurzes Stück auf die I 40. Ein Schild weist an der Interstate darauf hin, dass Sie soeben die *Arizona Divide* mit einer Höhe von 7.325 ft = 2.233 m überqueren.

1878 Bei **Bellemont**, am Exit 185, fahren Sie auf die rechte Frontage Road (vor der Tankstelle nach links).

15
NEVADA
N
W
O
S
Lake Mead
Hoover Dam
Lake Mead National Recreation Area
Grand Canyon Skywalk
Colorado
Las Vegas
93
Peach Springs
66
Truxton
Grand Canyon Caverns
Hackberry
Valentine
Kingman
Oatman
40
ARIZONA
Las Vegas
Colorado
93
Needles
133
Golden Shores
Topock
95
KALIFORNIEN

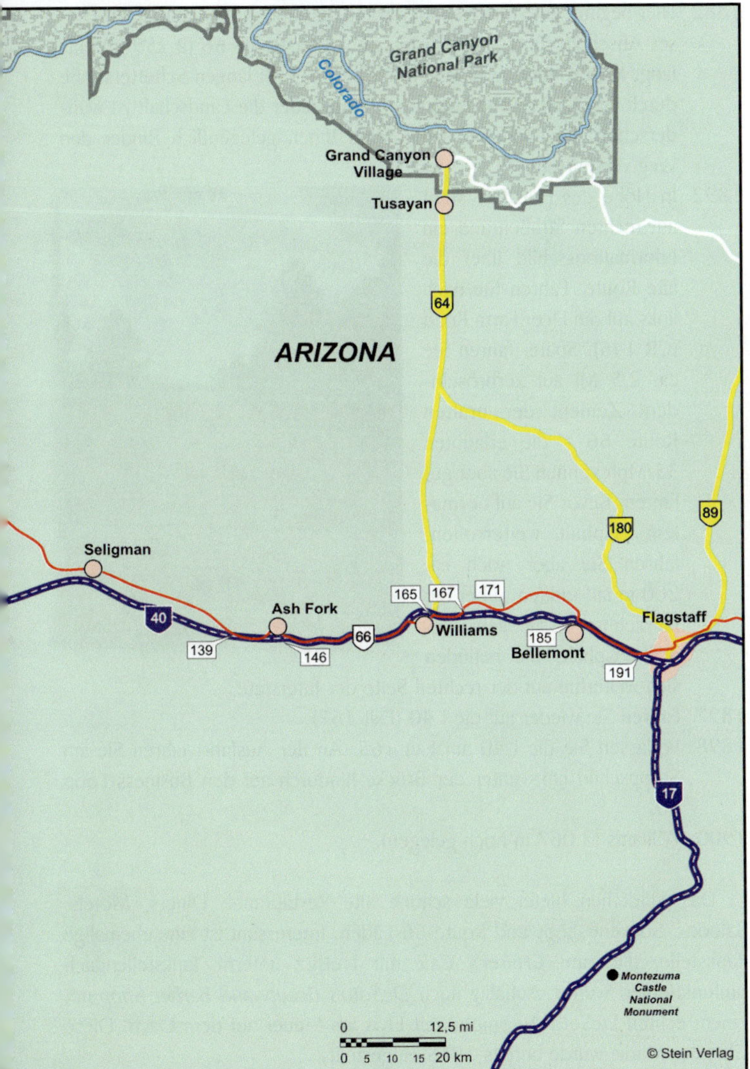

Grand Canyon National Park
Colorado
Grand Canyon Village
Tusayan
64
ARIZONA
180
89
Seligman
Ash Fork
165
167
171
Flagstaff
40
66
Williams
185
Bellemont
139
146
191
17
Montezuma Castle National Monument
0
12,5 mi
0 5 10 15 20 km
© Stein Verlag

1882 Hier beginnt ein Stück Schotterstraße, das aber gut befahrbar ist! Dieser Abschnitt führt am höchsten Punkt der Route 66 (2.259 m) entlang. Man kommt zwar wegen der knapp 3 Mi langen Schotterstraße durch den Kiefernwald langsamer voran, aber die Landschaft ist wunderschön. Rechnen Sie damit, dass Ihnen gelegentlich Rinder den Weg versperren!

1892 In Höhe des Exit 171 steht am rechten Straßenrand ein Informationsschild über die alte Route. Fahren Sie nach links auf die Deer Farm Road (CR 146). Später fahren Sie ca. 2,5 Mi auf zerbröselndem Zement der uralten Route 66 - die erlaubten 35/Mph können Sie aber gut fahren. Bevor Sie auf normalem Asphalt weiterrollen, fahren Sie aber noch ca. 200 m auf uraltem, über die Jahrzehnte rissig gewordenem Asphalt. Sie befinden sich weiterhin auf der rechten Seite der Interstate.

1897 Fahren Sie wieder auf die I 40 (Exit 167).

1898 Verlassen Sie die I 40 am Exit 165. An der Ausfahrt fahren Sie am Stoppschild links unter der Brücke hindurch auf den Business Loop 40.

1900 **Williams** (2.067 m hoch gelegen).

Das Städtchen bietet viele schöne alte Restaurants, Diners, Motels, Saloons, Souvenirshops und Route-66-Läden. Interessant ist eine ehemalige Tankstelle, die zum *Cruiser's Cafe* mit Freisitz unterm Tankstellendach umfunktioniert wurde. Auffällig auch *DeSoto's Beauty and Barber Shop* mit einem echten DeSoto-Automobil mit Elvis am Steuer auf dem Dach. Diese Chrysler-Marke wurde bereits 1955 eingestellt.

Das Städtchen bezeichnet sich gern als "Tor zum Grand Canyon", denn vom Bahnhof gibt es tägliche Abfahrten mit dem Nostalgiezug zum **Grand Canyon**. Aber selbstverständlich können Sie auch mit Ihrem eigenen Auto zum Park am South Rim des Grand Canyons fahren.

♦ Grand Canyon Railway, ☎ 1-800- 843-8724, 💻 www.thetrain.com, tägl. ab Williams 10:00, an GC 12:15, ab GC 16:00, an Williams 1815. Je nach Wagenklasse ab $ 65 bis $ 170, zuzüglich Parkeintrittsgeld. Kombi-Angebote, wie z.B. eine, zwei oder sogar drei Übernachtungen im Nationalpark können gebucht werden. Reservierungen sind empfehlenswert.

Gleich am Ortseingang befindet sich rechts das *Canyon Motel & RV Park*, leicht an den beiden als Hotelsuites fungierenden *Santa Fe Caboose* (Bremserwagen) und dem Pullmanwagen der *Grand Canyon Railroad* zu erkennen, außerdem sind mehrere Hütten zu mieten und reichlich Platz für Wohnmobile und Zelte gibt es auch.

♦ Canyon Motel & RV Park, 💻 www.thecanyonmotel.com, 18 Hütten ab $ 70, 2 Caboose Suites, 3 Railcar Suites ab $ 130 für bis zu 6 Personen

1902 Ortsausgang, fahren Sie hier wieder auf die Interstate. Später geht es über eine längere Strecke mit 6 % Gefälle bergab.

1917 Bei **Ash Fork**, Exit 146, fahren Sie nach der Ausfahrt rechts auf den Business Loop. Immerhin hat das Gefälle etwas gebracht und Sie sind jetzt auf 1.567 m Höhe.

1919 Zurück auf die Interstate.

1924 Exit 139: Crookton Road, fahren Sie an der Ausfahrt rechts. Die Straße wird hier von einer mickrigen Art Sonnenblumen gesäumt.

1934 An einer Eisenbahnbrücke ist rechts noch ein älteres Straßenstück der Route 66 zu erkennen. Auch später erkennt man bei genauem Hinsehen noch alte Trassenabschnitte (📷 Seite 132).

☺ Ab hier beginnt für 158 Meilen einer der besterhaltenen Abschnitte der alten Route 66! Die Straße entfernt sich zum Glück immer mehr von der I 40. Vielen Besitzern von Läden, Restaurants, Tankstellen und Motels gerade auf diesem Stück hat der Bau der Interstate das Leben schwer gemacht. Durch die Bemühungen der Route 66 Association wurde diese Strecke aber wieder ins Bewusstsein zurückgebracht.

1942 **Seligman** ist ein "Muss" für jeden Route-66-Fahrer!

Einige Orte, die wie **Seligman** nahe an der Interstate liegen, sind inzwischen wieder so populär, dass Scharen von Touristen mit Reisebussen einen Abstecher dorthin machen. Man mag dies als Einzelreisender bedauern, für die Geschäfte in den kleinen Orten ist es aber eine Überlebenschance.

Der Ort wurde 1886 gegründet und lebte von der Santa Fe Railroad, die hier Reparaturwerkstätten unterhielt, sowie von den Reisenden auf der Route 66. Als 1984 die Interstate 40 gebaut und die Route-66-Schilder entfernt wurden, drohten kleine Ortschaften wie Seligman und viele andere bedeutungslos zu werden. Es ist ein Verdienst von Angel Delgadillo, dem Friseur des Ortes, dass es anders kam. Mit einigen Gleichgesinnten gründete er die *Historic Route 66 Association of Arizona* und erreichte, dass der Staat Arizona 1987 den Abschnitt zwischen Seligman und Kingman offiziell als "Historic Route 66" bezeichnete. Später wurde dies auch auf andere Straßenabschnitte ausgedehnt.

Am Ortseingang von Seligman finden Sie auf der linken Seite das bekannte *Snow Cap Drive In*, das früher von Juan Delgadillo betrieben wurde, der keinen Gast ohne einen kleinen Gag bediente. Sein Bruder Angel hatte nebenan seinen Barber Shop, der aber nicht mehr existiert. Das Snow Cap betreibt heute Juans Sohn John, der die Tradition seines Vaters fortführt. Fragt ein Gast nach einem *Straw*, also einem Strohhalm, dann hat er schnell wie der Blitz ein Bündel Stroh (dasselbe Wort: Straw) von unter der Theke zur Hand. Vermeintlich übel mitgespielt wird Leuten, die nach Senf fragen: Blitzschnell hat er eine senffarbene Plastikflasche zur Hand, mit der er den Gast bespritzt - heraus kommt aber nur eine senffarbene Schnur - großes Erschrecken, igitt! Versäumen Sie auf keinen Fall einen Besuch!

Weiter die Straße hinunter gibt's noch mehrere Souvenirläden, die alle ein leicht unterschiedliches Sortiment anbieten. Besonders gut hat mir der Laden mit den beiden geparkten Oldtimern auf der Straße gefallen - Elvis lebt!

Ganz am Ortsausgang links liegt Lilo's, erkennbar an der amerikanischen und deutschen Flagge. Im Restaurant wird als deutsches Essen angeboten: Bratwurst, Schnitzel in Variationen und Torte.

1967 **Grand Canyon Caverns.** Die Höhlen wurden 1927 entdeckt. Ein Aufzug führt 21 Stockwerke in eine Tiefe von über 60 m. Eine Führung dauert etwa 45 Minuten und ist ein Muss für Höhlenfans. Nehmen Sie einen Pulli mit hinunter - es wird 13 Grad kalt! Oben gibt's ein Motel, einen Imbiss und einen Souvenirladen.

♦ Täglich bis 19:00, Eintrittsgeld $ 16, www.gccaverns.com

1972 Kreuzung mit der SR 18, die zum **Havasu Canyon** führt. Abseits vom Touristenstrom im Grand Canyon Village existiert dort im Reservat der Havasupai-Indianer ein weiterer Zugang zum Grand Canyon West.

1978 **Peach Springs**. Eine alte Tankstelle von 1928 befindet sich direkt an der Route. Hinter dem Ort sind noch uralte Teilstücke der Route 66 auf der linken Seite zu erkennen.

1988 **Truxton**. Das Truxton Cafe ist nur noch eine Ruine und das Orlando Motel ist auf dem Weg dorthin, während die Tankstelle Truxton Station und das Frontier Motel noch gut erhalten, bzw. renoviert sind.

1998 **Valentine**. Die alte Tankstelle ist inzwischen von der Natur zurückerobert worden, nur das "76-Schild" strahlt noch (Titelbild).

2002 **Hackberry**. Rechts steht ein alter *General Store* aus dem Jahr 1935 mit alten Zapfsäulen und einem vor sich hinrostenden Ford-Oldtimer. Innen gibt's ein Museum mit Route-66-Kuriositäten und Fotos sowie Verkauf von Route-66-Souvenirs.

2011 **Valle Vista**

2024 **Kingman** liegt nur 1.052 m hoch, was sich natürlich in den höheren Temperaturen darstellt. Sie fahren zuerst durch die "Gas-Food-Lodging-Meile" mit den neueren Motels der bekannten Ketten.

2026 Sie unterqueren die I 40, die Straße wird zum Business Loop und heißt hier Andy Devine Boulevard (benannt nach einem Hollywoodschauspieler von B-Filmen, meist Western, der seine Jugend hier verbrachte).

Kingman nennt sich selbst "Heart of Historic Route 66". Es liegt in der Mitte des 158 Meilen langen, ununterbrochen fast original erhaltenen Streckenabschnittes zwischen Seligman und Topock. Kingman war schon immer ein wichtiger Zwischenstopp für Touristen und bietet eine Vielzahl von Motels und Restaurants, die an die vergangenen Route-66-Zeiten erinnern.

Viele historische Läden wurden liebevoll restauriert, wie z.B. *Mr. D'z Diner*, der schön kitschig in türkis und pink die Aufmerksamkeit der Touristen auf sich zieht. Nebenan können Sie eine alte Dampflokomotive von 1927 der Santa Fe Railroad bestaunen; gleich gegenüber finden Sie das ℹ Visitor Centre im ehemaligen Power House und etwas weiter das *Mohave Museum of History and Arts.*

☺ Kingman ist ein guter Ausgangspunkt, falls Sie nach Las Vegas und zum Hoover-Damm fahren möchten. Fahren Sie auf die SR 93 North, die Entfernung beträgt etwa 100 Meilen.

Auch ein Abstecher zum **Grand Canyon West** im Hualapai-Indianerreservat bietet sich von hier aus an. 2007 wurde hier der *Skywalk* eröffnet, eine hufeisenförmige Plattform, die 21 m über einen Seitenarm des Grand Canyon hinausragt. Die Stahlkonstruktion ist mit dicken entspiegelten Glasplatten ausgelegt, das Geländer ist ebenfalls aus Glas (beides wurde von zwei deutschen Firmen geliefert). Leider bricht sich das Tageslicht im Glas, so dass Verzerrungen entstehen. Von Kingman sind es etwa 80 Mi, aber die letzten 21 Mi der Zufahrtstraße sind nicht asphaltiert. Aufgrund der hohen Eintritts- und Parkgebühren von etwa $ 50 kann man eigentlich nur von Nepp sprechen.

♦ 💻 www.destinationgrandcanyon.com

Tanken Sie unbedingt voll, denn hier ist der Sprit noch preisgünstig. Später, gleich hinter der kalifornischen Grenze kostet die Gallone über ein Dollar mehr! Außerdem liegen die Tankstellen zunächst weiter auseinander.

2030 Fahren Sie vor dem *Mohave Museum* schräg nach links und folgen Sie dem Schild nach Oatman.

2035 Fahren Sie am Stoppschild nach rechts und nach etwa 500 m nach links auf die Oatman Road. Der nun folgende Canyon teilt sich den Platz mit zwei Gleisen der Eisenbahnlinie, der jetzigen Route 66 und außerdem ist noch ein ganz altes Teilstück der Route 66 auf der anderen Schluchtseite auszumachen.

2042 Mehrere sog *Washs*, das sind trockene Flusstäler in der Straße, kreuzen ab hier für die nächsten zig Kilometer die Straße. Bei heftigen Regenfällen irgendwo weit weg im Gebirge können sie die Straße überfluten und dürfen dann nicht durchfahren werden. Bei besonders tiefen Tälern warnt ein Schild vor *Dip*, die Sie langsamer durchfahren sollten.

Die folgende enge und kurvenreiche Passstraße (auch als *Oatman Highway* ausgeschildert) durch die schwarzen Berge ist ein wahrer Genuss. Selbst in der Hochsaison herrscht fast kein Verkehr. Hier ist es möglich, nur auf die Geräusche der Natur zu lauschen, ungestört von Straßenlärm und anderen Ablenkungen.

2049 **Cool Springs**, alte Tankstelle mit Souvenir-Shop. Früher gab es hier noch Touristenhütten, die aber einem Brand zum Opfer fielen.

2051 Ed's Camp und Kactus Café. Das Camp ist seit Jahren geschlossen, allerdings noch bewohnt. Die Bewohner möchten aber, wie Schilder deutlich zeigen, ungestört bleiben.

Hinter Ed's Camp wird die Passstraße noch steiler und kurviger. Halten Sie einmal an! Außer den Rufen einiger wilden Esel und dem Zwitschern der Vögel hören Sie nichts!

2054 i P Sie sind am **Sitgreaves Pass** - benannt nach Colonel Sitgreaves im Jahr 1851 und mit 1.082 m dem höchsten Punkt der Gebirgsstrecke - angekommen. Nun geht es wieder bergab. Gleich darauf erreichen Sie den Tri-State-Lookout, von dem aus Arizona, Kalifornien (schräg links) und Nevada (schräg rechts) zu sehen sind.

2055 **Gold Road Mine**. Die Goldmine war bis 1998 in Betrieb. Bis dahin wurden jährlich etwa 40.000 Unzen Gold = über 1.100 kg gefördert. Dann verfiel der Goldpreis und die Förderung war nicht mehr profitabel. Steigt der Goldpreis wieder, wird die Mine bestimmt wieder in Betrieb genommen.

Kurz vor dem Mile-30-Marker des *Oatman Highway* führen in einer scharfen Rechtskurve 35 Stufen zum *Fish Bowl Spring* hinauf (Haltemöglichkeit für zwei bis drei Autos). In einem kleinen natürlichen Teich schwimmen ein paar Goldfische. Wegen der Wildblumen sind hier leider auch einige Wespen unterwegs (jahreszeitlich bedingt).

2058 **Oatman**

Oatman wurde 1906 als Verwaltungs- und Handelszentrum für die Goldminen in der Umgebung gegründet. Die Minen und der wachsende Verkehr auf der Strecke machten Oatman zu einer blühenden, reichen Gemeinde. 1953 wurde der Streckenverlauf der Route 66 geändert, da die schmale, kurvenreiche Straße durch die Berge dem zunehmenden Verkehr nicht mehr gewachsen war.

Noch 1990 war es ein verschlafenes Kaff. Auf der Hauptstraße des Ortes sah man mehr wilde Esel und Maultiere als Autos. Seit der Wiederbelebung der Route 66 gehört Oatman aber zu den Orten, die einen gewissen Kultstatus erreicht haben. Die Gebäude könnten gut als Kulisse für Western dienen und waren auch schon in ein paar Filmen zu sehen.

Im historischen *Oatman Hotel* können Sie das Zimmer sehen, in dem Clark Gable und Carole Lombard ihre Hochzeitsnacht verbracht haben. Auch die Hotelbar ist sehenswert. Obwohl immer mehr Touristen den kleinen Ort überschwemmen, ist Oatman immer noch ein sehenswertes Ziel.

2060 Nach dem Ortsende gabelt sich die Straße, fahren Sie links.

2077 **Golden Shore** an einem toten Seitenarm des Colorado River.

2083 Fahren Sie bei **Topock** auf die I 40 und überqueren Sie den Colorado River. Am anderen Ufer des Flusses verläuft die Grenze zu Kalifornien.

Parallel zur Brücke können Sie die alte *Route 66 Colorado Bridge* sehen, die seit 1947 für den Verkehr gesperrt ist und heute mit einer Gaspipeline versehen ist. Im Film "Früchte des Zorns" fährt Familie Joad über die Brücke. Wer seinen Steinbeck gelesen hat, kann vielleicht nachempfinden, mit welchen Gefühlen die Familie Joad beim Anblick des grünen Tals spontan im Colorado gebadet hat und warum Noah nicht mehr weiterfahren wollte.

☹ Gleich nach der Brücke zeigt ein Schild, dass die Route 66 hier abzweigt - fahren Sie weiter, man will Sie nur ins nächste Dorf locken (*Dead End*) und Sie müssen dann wieder zurückfahren.

Route durch Kalifornien 330 Mi

ℹ Convention and Visitors Bureau, 171 S. Los Robles Ave, Pasadena CA 91191, ☏ 626-795-9311

♦ Visitor Center, 1400 Ocean Avenue, Santa Monica CA 90401, ☏ 310-393-7593

Mit Kalifornien verbinden wir Mitteleuropäer die Vorstellung von Strand, Sonne, dem Pazifik, Surfen, die großen Küstenstädte Los Angeles, San Francisco und nicht zu vergessen - Freizeitparks wie Disneyland. Aber damit ist nur ein kleiner Teil dieses Staates ausreichend charakterisiert. Kalifornien ist ein Land der Gegensätze.

In Nordkalifornien gibt es ausgedehnte Waldgebiete und reichlich Niederschlag, in der Mitte findet man alpine Berglandschaften, in denen es im Winter unangenehm kalt werden kann. Südlich von Los Angeles ist das Klima in den küstennahen Regionen perfekt für sonnenhungrige Touristen. Es ist sehr warm, aber nicht unangenehm heiß, oft weht eine frische Brise vom Meer.

Aber Kalifornien hat auch riesige Wüstengebiete. Die bekannteste Wüste, das **Death Valley** an der Grenze zu Nevada, zieht jährlich Tausende von Touristen an. Weniger bekannt, aber mindestens so beeindruckend, ist die **Mohave-Wüste**, die auf der Route 66 nun vor Ihnen liegt.

Die 150 Meilen zwischen Needles und Barstow gehören zum härtesten Teil der Strecke. Vor allem im Juli sind die Temperaturen unerträglich hoch und es ist kaum eine Erleichterung, dass die Luftfeuchtigkeit sehr gering ist. Im Zeitalter der Interstates und der klimatisierten Fahrzeuge ist die Fahrt durch die Mohave allerdings nicht mehr so furchterregend, wie sie für frühere Reisende war.

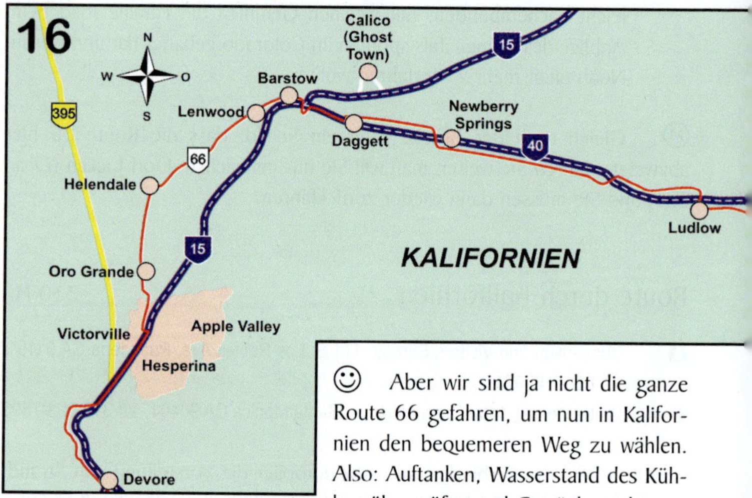

☺ Aber wir sind ja nicht die ganze Route 66 gefahren, um nun in Kalifornien den bequemeren Weg zu wählen. Also: Auftanken, Wasserstand des Kühlers überprüfen und Getränke nicht vergessen, denn auf den folgenden 150 Meilen befinden sich nur wenige Tankstellen!

2089 **Inspektionsstation**. Hier müssen alle Fahrzeuge halten. Im Agrarland Kalifornien ist man sehr besorgt, dass die Landwirtschaft durch eingeschleppte Schädlinge in Mitleidenschaft gezogen wird. Daher wird kontrolliert, ob Sie Obst, Brot und andere Lebensmittel mit sich führen. Nicht zugelassene Früchte werden konfisziert bzw. müssen an Ort und Stelle verzehrt werden. Die Kontrolle kommt übrigens auch im Film "Früchte des Zorns" vor, in dem zwar kein Obst und Pflanzen eingeführt werden, wohl aber die gerade verstorbene Oma.

2090 Exit **South Blythe**; fahren Sie nach links auf die linke Frontage, nach Blythe ausgeschildert.

2091 Nehmen Sie an der T-Kreuzung die Straße in Richtung Needles.

2096 **Needles** (nur 300 m hoch gelegen). Von Needles wird gesagt, es sei die heißeste Stadt in den USA. In Arizona konnte man sich ja schon an die hohen Temperaturen gewöhnen, aber 126° Fahrenheit (= 52° Celsius) empfanden wir doch als heftig. Wie mag es den Reisenden

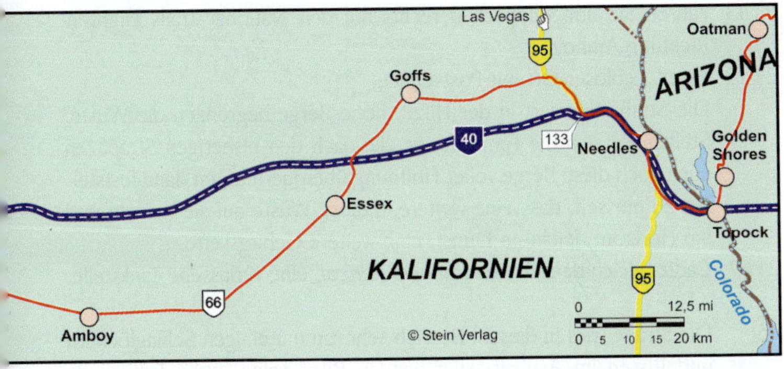

ergangen sein, die noch nicht im klimatisierten Auto von einem klimatisierten Motel zum nächsten gefahren sind und die die Hitze ertragen mussten?

Unterqueren Sie die I 40. Fahren Sie halb rechts auf die Front Street. Folgen Sie der Linkskurve und fahren Sie auf dem Broadway weiter.

Falls die Tankuhr in Richtung "Empty" zeigt, sollten Sie spätestens hier unbedingt tanken. Später wird's unangenehm teuer (☞ Meile 2177)!

2098 Fahren Sie die Rampe nach schräg rechts hoch und überqueren Sie die Eisenbahnbrücke. Am Stoppschild fahren Sie nach links auf den Needles Highway und weiter auf die I 40.

2107 Verlassen Sie die Interstate am Exit 133 und folgen Sie der 95 North in Richtung Las Vegas.

2114 Vor dem Bahnübergang biegen Sie nach links auf die Goffs Road ein.

2127 **Goffs** wirkt wie eine Geisterstadt. Der General Store ist verfallen und der Rest sind Ruinen. Es fällt auf, dass hier und im weiteren Straßenverlauf immer öfter Route-66-Logos auf dem Straßenasphalt angebracht sind.

2138 Hier finden Sie eine Tankstelle mit Mini-Markt (wichtig!). Kurz darauf unterqueren Sie die I 40 und sind jetzt auf der linken Seite des Highways.

2143 Fahren Sie am Stoppschild rechts auf den National Trails Highway Richtung Amboy.

2145 **Essex**. Lebloser Ort mit Post-Office.
Die Straße flimmert in der Hitze, hohe Berge begrenzen die Wüste. Stellen Sie sich die Familien vor, die nach den bisherigen Strapazen auch noch diese Berge voller Hoffnung überquerten, um dann feststellen zu müssen, dass eine weitere endlose Wüste auf sie wartete und am Horizont, leicht im Dunst, eine weitere Gebirgskette.

2167 **Cadiz**, gleich danach *Roadrunners Retreat*, eine verlassene Tankstelle.

☹ Die Straße wird in diesem Bereich sehr rau mit einigen Schlaglöchern und Rissen im Asphalt. Hier werden Biker keine große Fahrfreude haben.

2177 **Amboy**.

Roy's Motel Café ist mit Abstand die teuerste Tankstelle bisher. Im September 2008 kostete hier die Gallone Regular $ 4,99 und Diesel sogar $ 5,39 (im Gegensatz zu sonst $ 3,50 bis $ 3,80)! Der kleine Diner von 1935 kämpft ums Überleben. Vereinzelt steigen zwar auch noch Reisende im Motel ab. Die meisten fahren jedoch einfach vorbei oder machen bestenfalls ein Foto. Prominente Besucher waren immerhin schon Harrison Ford und Anthony Hopkins. Hier wurde ein Teil des Films "Hitcher, der Highway-Killer" gedreht.

Da das Wasser in diesem Wüstenort von Tankwagen geliefert wird und in einen kleinen Wasserturm hinter dem Motel gepumpt werden muss, ist es entsprechend teuer. Wenn dann ein Reisebus mit 40 Personen hält, alle die Toilette benutzen und keiner etwas verzehrt, ist das eine gedankenlose Unverschämtheit.

Auf der linken Seite sehen Sie etwas entfernt einen Krater vulkanischen Ursprungs, den 80 m hohen **Amboy Crater**, der vor etwa 6.000 Jahren entstand. Die Lavamassen haben sich fast bis an die Straße geschoben.

2185 **Bagdad**. Das *Bagdad Cafe* befindet sich nicht hier, sondern bei Mi 2236.

2203 Bahnübergang. Während der ganzen Fahrt auf der Route 66 ist die Eisenbahn Ihr ständiger Begleiter. Vor allem nachts nervt ihr ständiges "Huu-Huu" vor jedem Bahnübergang. Hier in der Wüste sind merkwürdigerweise besonders viele und besonders lange Güterzüge zu sehen: oft bis zu 120 Waggons, die von vier Lokomotiven gezogen werden.

2206 **Ludlow**. Fahren Sie am Stoppschild rechts und hinter der Interstate nach links auf die rechte Frontage Road.

2209 Bahnübergang.

2214 Die Route 66 überquert die I 40 und Sie befinden sich jetzt auf der linken Frontage.

2219 Der 100 m hohe **Pisgah Crater** in der Ferne ist erst etwa 2.000 Jahre alt. Sicher ist Ihnen schon auf weiten Teilen der Strecke die Lava aufgefallen, die auf frühere vulkanische Tätigkeit hinweist.

2236 **Bagdad Cafe**. Das Cafe war der Drehort des Films "Out of Rosenheim" (auf englisch: "Bagdad Cafe") mit Marianne Sägebrecht, Whoopie Goldberg und Jack Palance: ein kleines Restaurant, mitten in der

Wüste. Die Bedienung ist sehr freundlich und das Essen gut und preiswert.

2239 **Newberry Springs**. Sie unterqueren die I 40 und fahren auf der rechten Frontage Road weiter. Die Asphaltoberfläche auf diesem Teilstück ist sehr rau und rissig. Später wird es zwar besser, doch stattdessen nimmt sie jede noch so kleine Bodenwelle in der Wüste mit.

2251 **Daggett**. Sehenswert ist der *Desert Market* von 1908, der sogar Alkohol verkauft.

2255 Hier müssen Sie an der T-Kreuzung nach links und dann wieder auf die I 40 (nach rechts liegt die *Marine Corps Logistic Base*).

2256 Am nächsten Exit Marine Corps verlassen Sie die Interstate gleich wieder. Sie fahren an der Ausfahrt links, unterqueren die I 40 und biegendann nach rechts auf die East Main Street.

2257 **Barstow** hat eine Menge Motels zu bieten. Das Welcome Center befindet sich an der I 15, Lenwood Exit.

Von Barstow aus können Sie einen Ausflug zur Ghost Town **Calico** (früher eine Silbermine) unternehmen. Auf der I 15 North sind es nur 10 Meilen. Inzwischen erlebt die Stadt einen neuen Boom: Die Touristen sind nun zur Goldgrube geworden. Ob die Geisterstadt noch einen Besuch für inzwischen $ 6/Person wert ist? Bei meinem ersten Besuch hier - Anfang der 70er Jahre - war es noch eine richtige Geisterstadt und ein Hauch von Geschichte umwehte den Besucher. Heute werden Touristen in Busladungen herangekarrt und eine Kavalkade von Bikern nach der anderen sucht das Gelände heim. Geister? Nein, danke.

2258 Sie fahren rechts auf die Montara Road, unterqueren die I 40 erneut und halten sich danach gleich nach links. Fahren Sie geradeaus und überqueren Sie die I 15. Die Straße heißt hier Main Street und Business Loop 15.

2259 Viele alte Motels in Barstow, u.a. *Stardust Inn, Cactus Motel, Route 66 Motel* und *El Rancho Motel* (das El Rancho wurde 1944 gebaut, und zwar komplett aus alten Eisenbahnschwellen).

2265 **Lenwood**. Aus der Main Street wird wieder der National Trails Highway.

2282 **Helendale**

2285 **Bottle Tree Ranch**. Eine Sammlung von Flaschen aller Art auf der rechten Straßenseite ist auf "Baumäste" gesteckt worden und soll als "Kunstwerk" an die Reisenden auf der Route 66 erinnern. Warum gerade Flaschen?

2291 **Oro Grande**

2295 Außenbezirke von **Victorville**

2298 Die Straße wird zur D-Street. Am Exit 129 fahren Sie auf die I 15.

2319 Verlassen Sie die I 15 am Cleghorn Exit und fahren Sie nach rechts auf den Cajon Boulevard. Sie fahren jetzt rechts von der Interstate, eine wunderschöne Strecke, die einst sogar vierspurig war.

2325 An der Kenwood Avenue müssen Sie wieder auf die I 15. Sorgen Sie dafür, dass Sie sich möglichst schnell auf eine der linken Spuren einordnen und folgen Sie dem Schild I 215.

2327 Sofort darauf verlassen Sie am Exit Devore die I 215. Fahren Sie nach links für über eine Meile auf dem Cajon Boulevard.

2328 In einer weiten Rechtskurve bleiben Sie rechts auf dem Cajon Boulevard und fahren unter der Eisenbahnbrücke hindurch in Richtung **San Bernardino**.

2335 Der Cajon Boulevard führt nach rechts, Sie fahren nach links auf die Mount Vernon Avenue.

2337 Fahren Sie nach rechts auf die 5th Street. Die Straße wird zum Foothill Boulevard.

2339 **Rialto**. Wenn es Ihnen in Holbrook im Wigwam Motel gut gefallen hat, können Sie hier das gleiche Erlebnis noch einmal für $ 65 genießen!

Auf der folgenden, eintönigen Strecke zeigt der dichter werdende Verkehr, dass Sie sich im Großraum Los Angeles befinden. Die Straße führt durch Orte, die ineinander übergehen. Motels, Restaurants, Tankstellen, Drive-ins: Alles, was Sie von amerikanischen Versorgungsstraßen kennen, ist zu finden. Planen Sie genug Zeit ein, denn durch die ständigen Ampelstopps kommen Sie nicht schnell voran. Von hier bis zum Endpunkt der Route 66 in Santa Monica habe ich über fünf (!) Stunden für die 73 Meilen benötigt - grüne Wellen sind in den USA weitgehend unbekannt.

2342 **Fontana**

2348 Rancho Cucamonga

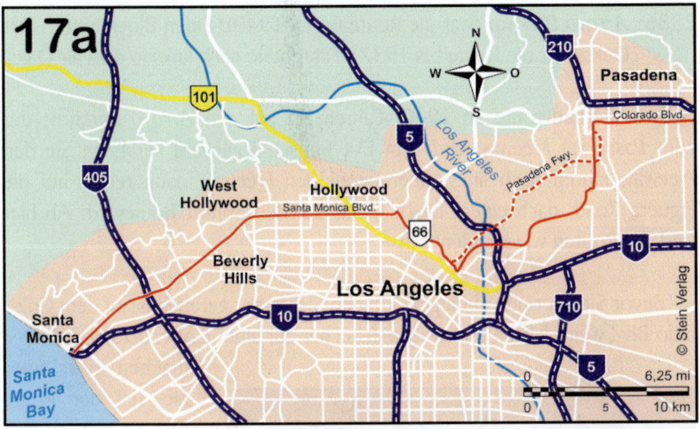

2356 **Upland**

2362 **La Verne**

2365 **San Dimas**

Fahren Sie die Straße weiter geradeaus. Der Name der Straße wechselt: Alosta Avenue, Huntington Drive und zwischendurch auch wieder Foothill. Lassen Sie sich dadurch nicht irritieren.

2366 **Glendora**

2376 **Monrovia**

2378 **Arcadia**

2379 Fahren Sie an der Gabelung vor der Rennbahn nach rechts auf den Colorado Boulevard.

2382 **Pasadena**

Pasadena eignet sich vorzüglich für eine letzte Übernachtung. Sie fahren am nächsten Morgen frisch und ausgeruht durch Los Angeles und haben noch Gelegenheit, die sehenswerte Altstadt zu besichtigen: Gemütliche Straßencafés, Boutiquen, Kunstgalerien und vieles mehr finden Sie hier.

In Pasadena finden Sie eine Vielfalt von Übernachtungsmöglichkeiten. Bekannt ist Pasadena, die Rosenstadt, durch die Rosenparade im Januar und durch das große Stadium *Rose Bowl*, in dem 1994 das Endspiel der Fußball-Weltmeisterschaft stattfand.

2386 *Arroyo Parkway* (war die Route 66 ab 1940). Einen Block weiter: Fair Oaks (war die Route bis 1937). Fahren Sie nach links in die Fair Oaks.

☺ **Alternativroute ab 1940**: Fahren Sie auf den *Arroyo Parkway*, der zum *Pasadena Freeway* wird. Am Exit Sunset Boulevard verlassen Sie den Freeway, fahren nach links, überqueren den Freeway, dann rechts auf die Figuera Road, nach einem Block rechts auf den Sunset Boulevard. Ab hier sind die Routen wieder identisch.

Bevor Sie aber nun abbiegen, können Sie vorher geradeaus auf dem Colorado Blvd weiterfahren und einen Abstecher zur alten *Colorado Street Bridge* machen (war aber nie Teil der Route 66). Es handelt sich um eine wunderschöne, geschwungene Talbrücke von 453 m Länge aus dem Jahr 1913 über den meist trockenen Arroyo Seco. Die Brücke mit ihren 11 Bögen war die größte Betonbrücke zu dieser Zeit und außerdem die erste, die in einem Bogen gebaut wurde. Jährlich findet im Juli ein Straßenfest auf der Brücke statt.

Fahren Sie also weiter geradeaus bis Orange Grove, biegen Sie links ab (nicht auf den Freeway geraten!) und fahren Sie gleich nach rechts in die Green Street. Am Ende biegen Sie rechts ab und parken an einem Wendehammer. Die Brücke ist schon in Sicht.

2388 Sie überqueren den Pasadena Freeway (schon erwähnt: war die Route 66 ab 1940).

☹ Unterschätzen Sie die kommenden 25 Meilen nicht! Durch ungünstige Ampelschaltungen und starken Verkehr kann es leicht vorkommen, dass Sie für die kurze Strecke fast drei Stunden brauchen!

2389 Fahren Sie nach rechts auf den Huntington Drive.
2392 Wieder nach rechts auf die Huntington North, dann unter einer Unterführung hindurch in die Mission Road und gleich darauf rechts den Berg hoch auf den North Broadway.
2393 Sie überqueren die I 5, die Straße knickt nach rechts und führt über den Los Angeles River. Sie fahren weiter durch das lebendige Chinatown.
2395 Fahren Sie rechts auf den Cesar E. Chevez, der später Sunset Boulevard heißt.
2399 Fahren Sie nach links in die Manzanita Street, die sofort darauf zum Santa Monica Boulevard wird.
2403 **West Hollywood**
2405 **Beverly Hills**
2411 **Santa Monica**
2413 Ocean Avenue: Sie sind am Ziel!

In Santa Monica sollten Sie sich ein paar Tage gönnen. Allerdings ist es empfehlenswert, hier ein Hotel zu reservieren. Die Stadt liegt wunderschön und Sie haben dort außer ausgedehnten Strandspaziergängen und dem Baden im Pazifik eine Fülle von Sport- und sonstigen Freizeitangeboten. Auf dem Santa Monica Pier finden Sie einen kleinen Vergnügungspark und ein historisches Karussell mit handgeschnitzten Holzpferden.

Letzte Einkäufe können Sie in der schönen Fußgängerzone oder in der Mall tätigen. Das Restaurantangebot ist vielfältig, von gut und preiswert bis exklusiv.

Von Santa Monica aus ist der Flughafen bequem zu erreichen. Die Autovermietungen finden Sie in der Nähe des Flughafengeländes. Sie müssen nur auf die SR 1 fahren, die als Lincoln Boulevard durch Santa Monica führt, und auf dieser Straße 8 Meilen nach Süden fahren. Der Weg zum Flughafen ist gut ausgeschildert.

Auto.Lex
Index

Ein älteres Straßenstück der Route 66 an einer Eisenbahnlinie hinter Ash Fork.

Abblendlicht	low beam
Abblendschalter	dimmer switch
abdichten	to seal
abgebrochen	broken off
abgenutzt	worn
Abschleppdienst	breakdown service
abschleppen	to tow away
Abschleppseil	tow rope
abschließen	to lock
abschmieren	to grease
abschneiden	to cut off
Achse	axle
Ampel	traffic light
anheben	to lift
Anlasser -kabel	starter cable
Anlasserritzel	starter pinion
Anlassschalter	starter switch
anmontieren	to mount
anschieben	to push
anschleppen	to tow
anschrauben	to screw on
anschweißen	to weld on
Antenne	antenna
Antriebswelle	drive shaft
Anzeigeleuchte	indicator lamp
Armaturenbrett	instrument panel
Aschenbecher	ashtray
ausbauen	to dismantle
ausbeulen	to straighten out dents
Auspuffrohr	exhaust pipe
Auspufftopf	muffler
ausschalten	to switch off
auswuchten	to balance
Auswuchtgewicht	counterweight
Bahnübergang	level crossing
Batterie laden	to charge the battery
Batteriekasten	battery container
Batterieklemme	battery clamp
Batteriesäureprüfer	hydrometer
Befestigungsschelle	clip
Beleuchtung	lighting
Benzin	gas
Benzinleitung	fuel pipe
Benzinpumpe	fuel pump
Benzintank, -deckel	gas tank, -cover
Benzinuhr	fuel gauge
beschädigt	damaged
Birne, -fassung	bulb, -socket
Blech	sheet metal
Blech-, Holzschraube	screw
bleifrei	unleaded
Blinker	indicator
Bolzen	bolt, pin
Bremsanlage	brake system
Bremsbelag	brake lining
Bremse zieht ungleichmässig	brakes are uneven
Bremsflüssigkeit	brake fluid
Bremsschlauch	flexible brake tubing
Bremstrommel	brake drum
Buchse	bushing
Bügel	clamp
Dachgepäckträger	roof-type luggage rack
Defekt	fault
Destilliertes Wasser	distilled water
dicht	tight
Dichtung	gasket
Dichtungskitt	sealing cement
Differential	differential gear
Distanzscheibe	spacer

Draht	wire
Drehgriff	twistgrip control
Drehmoment	torque
Drosselklappe	throttle valve
Düse	nozzle
Einfüllstutzen	filler pipe
einschalten	to switch on
Einspritzpumpe	injection pump
einstellen	to adjust
Einstellschraube	adjusting screw
Messing-, Kupfer-	brass-, copper-
elektrische Birne	bulb
elektrische Störung	electric fault
Elektrodenabstand	spark gap
Entfroster	windshield defroster
Ersatzreifen	spare tyre
Ersatzteil	spare part
Fahrgestell	chassis
Fassung (Glühlampe)	bulb socket
Feder	spring
Federblatt	spring leaf
Federklammer	shackle
Federring	spring washer
Felge	rim
Fenster	window
Fensterdichtung	glazing
Fensterkurbel	window crank handle
Fernlicht	high beam
festschrauben	to screw on
Fett	grease
Feuerlöscher	fire extinguisher
Flickzeug	tyre repair kit
Frühzündung	advance ignition
Führerschein	driving licence
Füllmenge	capacity
Funke	spark
Gang	gear
gebrochen	broken
Gepäck	luggage, baggage
Getriebe	transmission gear, gear box
Getriebeöl	transmission oil
Gewinde	threat
Glatteis	Ice
Glühbirne	bulb
Gummi	rubber
Gummidichtung	rubber seal
Gusseisen	cast iron
Hahn (Wasser, Benzin)	tap
Handbremshebel	hand brake lever
Handgriff	handle
Hebebühne	vehicle hoist lift
Hebel	lever
heben	to hoist, to lift
Heizung	heating
hinten - vorn	rear - front
Hinterachse	rear axle
Hub	stroke
Hupe	horn
Inbusschlüssel	allen key
innen - außen	interior - exterior
Innenbeleuchtung	interior lighting
Instrumentenleuchte	dashboard light
Kabel	cable
Kabelbinder	plastic clamp
Kabelverbindung	cable connection
Kappe	cap
kaputt - heil	damaged - intact
Kardangelenk	universal joint
Kardanwelle	transmission shaft
Karosserie	car body

Keilriemen	fan belt
Kerzenschlüssel	spark plug socket
Kofferraum	trunk
Kolben, -ring	piston, -ring
Kondensator	capacitor
Kontakt (schlechter)	(bad) contact
Kontaktunterbrechung	open contact
kontrollieren	to control
Kotflügel	mudguard oder fender
Krankenwagen	ambulance
Kreuzschlitzschraubendreher	phillips
Kühler, -schlauch	radiator, -hose
Kühlerschutzgitter	radiator grill
Kühlwasser	cooling water
Kühlwasserumlauf	water circulation
Kugellager	ball bearing
kuppeln	to engage the clutch
Kupplung	clutch
Kupplung rutscht	the clutch slips
Kupplungspedal	clutch pedal
Kurbelgehäuse	crankcase
Kurbelwelle	crankshaft
Kurzschluss	short circuit
Ladekontrollampe	generator indicator lamp
Lautsprecher	loudspeaker
leer / voll	empty / full
Leerlauf	idle
Leitung (elektrisch)	lead (electric)
Lenkgestänge	steering linkage
Lenkrad,	steering wheel
Lenksäule	steering column
Lenkung	steering gear
Lichtmaschine	generator, alternator
locker - fest	loose - tight
löten	to solder
losschrauben	unscrew
Lüftungsklappe	air valve
Luftdruck	tyre pressure
Luftfilter	air filter
Massekabel	earth cable
Motor	engine
Motorhaube	hood
Motorroller, -rad	scooter, motor cycle
Mutter / schraube	nut / bolt
Nabe	hub
nachfüllen	to replenish
Nebellampe	foglamp
Nummernschild	licence plate
Öl	oil
Öldruckmesser	oil pressure gauge
ölen	to oil
Ölfilter, -kanne	oil filter, -can
Ölmessstab	dipstick
Ölwechsel	oil change
Panne	breakdown
Parklicht	parking light
Pleuelstange	connecting rod
Polklemme	pole terminal
Positionslampe	sidelight
Pumpe	pump
Putzlappen	cleaning rag
Rad	wheel
Radkappe	hub cap
Radlager	wheel bearing
Radmutter	wheel nut
Reifen	tyre
reparieren	to repair
Regler	regulator
Reserverad	spare wheel

Rohr	tube, pipe
Rücklicht	tail light
Rückspiegel	rear vision mirror
Schaden	damage
Schalter	switch
Schaltgetriebe	transmission gear
Schalthebel	gear lever
Scheibe (Glas)	pane
Scheibenwischer	wiper
Scheibenbremse	disc brake
Scheinwerfer	headlight
Schlauch (allg.)	hose
Schlauch (luft-)	tube
schlauchloser Reifen	tubeless tyre
Schlauchventil	valve
Schlüssel	key
schmieren	to lubricate
Schraube / Mutter	bolt / nut
schrauben	to screw - to unscrew
Schraubenschlüssel	wrench, spanner
Schraubendreher	screwdriver
Schwimmer	float
Seitenfenster	side window
Sicherheitsgurt	safety belt
Sicherung, -dose	fuse, -box
spannen	to tighten
Spule	coil
Stecker	plug
Stoßdämpfer	shock absorber
Stoßstange	bumper
Strom (elektrisch)	current
Stromspannung	voltage
Tachometer	speedometer
Tank	tank
Tankstelle	gas- oder service station
Tankverschluss	tank cap
Totalschaden	complete wrack
Türgriff	doorhandle
undicht	leaky
Unfall	accident
Unterbrecherkontakt	breaker contact
Ventil	valve
Ventilator, -riemen	fan, -belt
Verband (Wund-)	dressing
Verbandkasten	first aid kit
Verkabelung	wiring
Vergaser	carburetor
Vergaser verstopft	blocked carburetor
Verladerampe	loading ramp
Verteilerfinger	distributorfinger
Vorder-, Hinterrad	front-, rear wheel
Wackelkontakt	loose connection
Wagenheber	carjack
Wagenheizung	car heating
Warnlampe	warning lamp
Warnzeichen	warning sign
Wasserkanister	water canister
Wasserpumpe	water pump
Wasserschlauch	water hose
Werkstatt	garage
Werkzeugkasten	toolkit
Windschutzscheibe	windshield
Wohnanhänger	caravan
Zange	pliers
Zündkerze	spark plug
Zündschloss	ignition lock
Zündschlüssel	ignition key
Zündspule	coil
Zündungsdefekt	ignition fault
Zylinderblock	cylinderblock

Index

ISBN 978-3-89392-544-5
Band 144, € 9,90 [D]

ISBN 978-3-86686-084-1
Band 84, € 12,90 [D]

ISBN 978-3-89392-127-0
Band 27, € 10,90 [D]

ISBN 978-3-86686-123-7
Band 123, € 12,90 [D]

ISBN 978-3-86686-049-0
Band 49, € 12,90 [D]

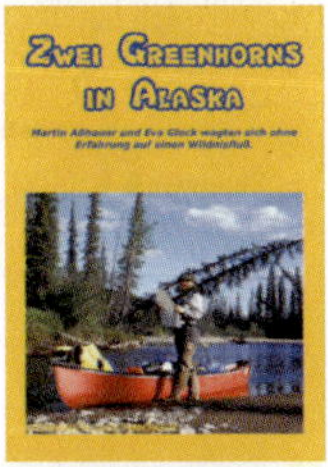

ISBN 978-3-89392-524-7
Band 124, € 6,90 [D]

ISBN 978-3-86686-130-5
Band 130, € 14,90 [D]

ISBN 978-3-89392-346-5
Band 46, € 12,90 [D]

USA und Kanada bieten eine Fülle von Outdooraktivitäten - bleiben Sie nicht nur im Auto, steigen Sie mal in ein Kanu oder Raft - viele Tipps zur Vorbereitung geben Ihnen u.a. folgende Titel

ISBN 978-3-89392-325-0
Band 25, € 7,90 [D]

ISBN 978-3-86686-004-9
Band 4, € 7,90 [D]

ISBN 978-3-86686-103-9
Band 103, € 7,90 [D]

ISBN 978-3-86686-237-1
Band 237, € 8,90 [D]

ISBN 978-3-86686-001-8
Band 1, € 7,90 [D]

ISBN 978-3-86686-068-1
Band 68, € 7,90 [D]

ISBN 978-3-89392-548-3
Band 148, € 7,90 [D]

ISBN 978-3-86686-077-3
Band 77, € 9,90 [D]

Beringsee
Alaska
Yukon
Inuvik
Anchorage
19
Großer Bärensee
60
Whitehorse
Skagway
Yellowknife
66
Großer Sk
59
Wood Buff
Pazifik
Prince George
29
37
67
Vancouver
Seattle
Rocky Mountains
Columbia
123
Snake
San Francisco
27
49
Colorado
Los Angeles
Phoenix
Edson
61
Jasper NP
Jasper
Fraser River
North Saskatchewan River
57
Kinbasket Lake
50
Columbia River
North Thompson River
Glacier NP
Banff NP
Lake Louise
Yoho NP
Banff
Mt. Revelstoke NP
Calgary
Columbia River
Kootenay NP
Kootenay River
67
Kootenay Lake
Cranbrook
Kanada
Waterton Lakes NP
USA
Glacier NP

Grönland
Kanada
Churchill
St. John's
144
Winnipegsee
Winnipeg
Oberer See
Huronsee
Ontariosee
Michigansee
Eriesee
Missouri
Mississippi
Quebec
Montreal
Ottawa
Toronto
Halifax
New York
Washington D.C.
Chicago
USA
ver
84
Oklahoma City
New Orleans
Atlantik
© Stein Verlag

Buchtipp

Ingrid & Wolfgang Sauer
Frank Noack
Wohnmobil in USA und Kanada
OutdoorHandbuch
Band 77
Basiswissen für draußen
Conrad Stein Verlag
170 Seiten
48 farbige Abbildungen
11 farbige Illustration
ISBN 978-3-86686-077-3

- ▷ Nordamerika - warum per Wohnmobil?
- ▷ Wir stellen vor: die rollende Ferienwohnung
- ▷ Was ein Wohnmobil ausmacht
- ▷ Wissenswertes über Nordamerika
- ▷ Vorbereitung einer Nordamerikareise
- ▷ Der Flug nach Nordamerika und die
- ▷ Übernahme des Wohnmobils
- ▷ Mit dem Wohnmobil auf Tour
- ▷ Auf dem Campingplatz
- ▷ Glossar und Wohnmobilvermieter